一開始就不孤單—2

吃愛的孩子

Selena Hung
洪淑青——著

ㄨㄛˇ ˙ㄉㄜ ㄐㄧㄚ

ㄨㄛˇ ㄧㄡˇ ㄧ ˙ㄍㄜ ㄕㄨㄤ ㄅㄠ ㄊㄞ ㄐㄧㄝˇ
˙ㄐㄧㄝ ， ㄊㄚ ㄉㄨㄟˋ ㄨㄛˇ ㄏㄣˇ ㄏㄠˇ ， ㄅㄚˋ ˙ㄅㄚ
ㄇㄚ ˙ㄇㄚ ㄕㄨㄛ ㄨㄛˇ ㄧㄝˇ ㄉㄨㄟˋ ㄊㄚ ㄏㄣˇ ㄏㄠˇ 。
ㄇㄚ ˙ㄇㄚ ㄗㄞˋ ㄐㄧㄚ ㄌㄧˇ ㄉㄡ ㄏㄣˇ ㄒㄧㄤˇ
ㄨㄛˇ ， ㄙㄨㄛˇ ㄧˇ ㄈㄤˋ ㄒㄩㄝˊ ˙ㄉㄜ ㄕˊ ㄏㄡˋ ㄉㄡ
ㄏㄨㄟˋ ㄐㄧㄣˇ ㄐㄧㄣˇ ˙ㄉㄜ ㄅㄠˋ ㄓㄜ ㄨㄛˇ 。
ㄅㄚˋ ˙ㄅㄚ ㄉㄡ ㄏㄨㄟˋ ㄒㄧ ㄒㄧㄠˋ ㄨㄛˇ ㄗㄞˋ
ㄒㄩㄝˊ ㄒㄧㄠ ㄎㄨㄞˋ ㄎㄨㄞˋ ㄌㄜˋ ㄌㄜˋ ㄉㄜ 。
ㄨㄛˇ ㄗㄨㄟˋ ㄒㄧˇ ㄏㄨㄢ ㄐㄧㄚˋ 日 ㄏㄢˋ ㄐㄧㄚ
人 ㄧ ㄑㄧˇ ㄔㄨ ㄑㄩˋ ㄨㄢˊ 。

右右 
2010 09.30

ㄐㄧㄚ人

ㄨㄛˇ ㄧㄡˇ ㄧ ˙ㄍㄜ ㄕㄨㄤ ㄅㄠ ㄊㄞ ㄐㄧㄝˇ
ㄇㄟˋ，ㄊㄚ ㄕˋ ㄨㄛˇ ㄇㄟˋ ˙ㄇㄟ，ㄨㄛˇ ˙ㄇㄣ
ㄌㄧㄤˇ ˙ㄍㄜ ㄍㄢˇ ㄑㄧㄥˊ ㄏㄣˇ ㄏㄠˇ，ㄦˊ ㄑㄧㄝˇ ㄉㄡ
ㄒㄧˇ ㄏㄨㄢ ㄏㄨㄚˋ ㄏㄨㄚˋ。
ㄇㄚ ˙ㄇㄚ ㄏㄣˇ ㄏㄨㄟˋ ㄒㄧㄝˇ ㄨㄣˊ ㄓㄤ，
ㄏㄞˊ ㄒㄧㄝˇ ˙ㄉㄜ ㄏㄣˇ ㄏㄠˇ ˙ㄋㄜ！ㄅㄚˋ ˙ㄅㄚ ㄔㄨˊ
ㄌㄜ ㄐㄧㄠ ㄕㄨ ㄓ ㄨㄞˋ，ㄏㄞˊ ㄏㄣˇ ㄏㄨㄟˋ ㄗㄨㄛˋ
ㄐㄧㄚ ㄕˋ。
ㄨㄛˇ ㄗㄨㄟˋ ㄞˋ ㄨㄛˇ ˙ㄉㄜ ㄐㄧㄚ 人。

2010.09.30.
左左

●六歲兩個月的yoyo畫全家人，yoyo畫出自己調皮的樣子，吐著小舌頭看著zozo，她特別把zozo畫得漂亮。那一天她一邊畫一邊說：「zozo，我有把妳的頭髮畫上蝴蝶結喔～」

● 六歲兩個月的zozo畫全家人，zozo第一個畫爸爸，她說爸爸喜歡黑色，所以為帥氣爸爸貼上用色紙剪成的衣裳。她畫中的媽媽戴著墨鏡像是熊貓，嘴巴紅紅口紅像是流血一般。我這樣解讀時，她在一旁笑哈哈！

推薦序——

作為自己是有成就的，但我願意放下頭銜，因為作為母親是幸福的！

長庚醫院高雄院區
兒童心智科臨床心理師·謝玉蓮

Selena的文筆輕輕柔柔，但我常感受一個作為母親的喜悅從文字中暈染開來，那文字總是傳達給我溫暖的感受，我想，這也是我戀上不孤單的原因。每天，在我親孩子起床之前，我總要打開電腦看看Selena的最新文章，那是我每早的早餐，是我一天能量的來源，讓我在忙碌的工作中，可以不忘記陪伴孩子「過生活」的初衷。

這本書非專業教養書，但我發現好多兒童心理學概念實踐在生活中：zoyo的「吃愛行為」，Doch面對孩子逐漸獨立，兩者在面對脫離母親客體分離的痛苦及失落；zoyo〈大吵，小吵，小小吵〉的手足競爭與〈小孩的打人事件〉中情緒表達社會化歷程，Selena協助孩子跨越道德發展中他律階段，建立自律態度；〈用幽默童話教養孩子〉中，正向思考孩子困難，以優勢去引導孩子弱勢，在Erikson的社會發展理論中，將孩子的依賴轉換成自主、獨立特質；在〈玩偶、毯子、長不大的小孩？〉，給予zoyo隱藏的保護，使她更有能量去面對壓力情境，更可安心在新環境中探索及吸取新知；〈媽媽永遠都是香的〉，則可發現親密需求對孩子早期情緒發展的穩定及重要性。「寶貝想畫畫」一系列文章，有更多藝術治療的心理專業在裡面。

這本書雖是親子書，但我卻看到Selena自我對話，那敏感的心在面對孩子中，卻又保留了自己。〈讓孩子看見另一個妳〉，我發現Selena追求的自我實現需求；〈我的信用差點破產〉、〈放下那萬惡的食指〉，更提醒自己身為母親的自省及學習。

這本書很平凡、很平淡、很真實，但那文字所傳遞的感動直到我心坎。幸福不需要學習，而是享受；快樂也不需追求，而是投入。我想這本書除了是給Selena的肯定外，更是給您我周遭「母親」的肯定。Selena給我的感覺，如同這本書給您的感覺：作為母親真的是一個幸福的角色！真該讓我們為自己喝采！在教養的路上，是真誠，讓您我相遇，Selena的文章給了您我力量，更常讓您我體會做母親的幸福，更讓您我有好多正向能量在育兒路上支持著自己！

親愛的朋友，誠摯地推薦給您！您將發現與孩子親密的日子，是多麼令人陶醉！

自序——

行動電影的育兒生活

午夜十二時。

我並不敢睡，外頭的颱風像是銅管樂器呼呼地吹奏著，我並不喜歡這首強烈的進行曲，生怕它會吵醒孩子的美夢。

房裡的她們不安穩地睡著，這幾天的病毒感染讓她們吃盡苦頭，身體也不舒服的我似乎壓制著病毒，成為一位勇者武士，保護著我的心肝寶貝不受欺凌，無論如何，就是不能欺負她們。

母親總是這樣堅強地扮演自己的角色，從前柔弱的個性已卸下，在寶貝面前妳就是他的靠山，他世界的最高山。

一年前，我的雙胞胎女兒左左（zozo）與右右（yoyo）五歲，她們揹起了小書包進入幼兒園大班，對她們而言，這是五歲人生以來最重要的事，對我來說，也是育兒生活的轉換點。

我突然多了許多空白時間，白天這段時間除了密切接近被自己冷落許久的自我外，我還常常在整理家務時，腦子裡思考著左右姊妹這兩個調皮小妞前一晚新創的紀錄，吵架事件、心理事件、手足情感、情緒發洩……等令人傷透腦筋的問題，這些哭笑不得的育兒事件和我手邊的家事攪和在一起，形成一種既苦既酸的矛盾滋味。

每回夜深人靜想起來，就覺得人類奇妙的思維在最小的時候就開始不斷地發展，像是枝芽不斷往陽光之處延展，我很高興自己敏銳到可以接收到孩子的訊息，可以以「行動電影」的方式觀察她們的轉變，這些細小複雜的轉變在我心中沉澱，化為電腦字體記錄在我的心情文章裡。

這本書裡有自己教養孩子的方法，有左右姊妹發生的可愛故事，我以當事人及第三者的角色觀察她們，用一種浪漫、詼諧、接近文學的模式闡述這些事件。

除此之外，還有「寶貝想畫畫」多篇幼兒藝術的文章。在我「一開始就不孤單II」部落格裡，常常有些父母問起孩子畫畫的問題，我特別將這些問題做整理，並請從事藝術教育的先生一起協助書寫，希望透過Doch老師專業的知識及多年的教書經驗，提供給讀者更多關於「幼兒藝術」的資訊。

在這裡，要謝謝我的寶貝女兒zozo與yoyo，在媽媽寫作過程，特別上演讓人跌破眼鏡、十分無奈的手足事件，好讓媽媽有書寫的題材；還要謝謝妳們專心在學校當個「大班生」，讓媽媽可以安靜過濾這些事件。妳們啊！真是讓媽媽的思考愈來愈多元、愈來愈有意思了。

CONTENTS

ABOUT PARENTS

媽媽，妳的想法是什麼？

ABOUT CHILDREN

寶貝，你的感覺是什麼？

ABOUT DREAM
寶貝想畫畫

教養不孤單Q&A　１５８

孩子們對於世界有無窮無盡的好奇和疑問，
父母們關於教養則有數不清的「怎麼辦？」
Selena的回答，提供我們不同的思考機會。

媽媽，
妳的想法是什麼？

ABOUT PARENTS

「全職媽媽」是個擾人的職業

台灣早期的生活型態非常單純，在當時的社會，職業婦女的比例並不高，朝九晚五的女性工作者是非常稀少的。小的時候我總是看見鄰居的媽媽們忙進忙出，張羅著家裡大大小小的事。

一直到我漸漸長大，整個社會環境有了轉變，女性的想法也跟著改變，不用女性主義思潮鼓勵，身為女性的我們也能從自我成長的過程當中，不斷地要求自己進步再進步。

台灣有許多女性工作者，努力工作幾年之後，選擇步入紅毯的另一端，完成人生重要的階段。往後，如果生了孩子，擁有下一代，她們將會面臨另一項極大的選擇，要繼續留在職場上打拚、尋求工作上的滿足感？或是穿上圍裙，為眼前的小生命盡最大的力量、幫助他成長？該堅守工作崗位，多賺得一份酬勞，提供孩子更豐裕的物質生活，或是省吃儉用，帶給孩子一個心靈富足的童年？這麼重大的決定往往是由女人獨自承擔。但是，這個看似不公平的問答題，也顯示了女人在家庭中的重要性。

以前，我對「全職媽媽」有非理性的偏見，因為當時整個社會價值觀、傳播媒體，都顯示了女性在社會的地位並不那麼重要。我曾經也是個職業婦女，熱中於在工作中追求自我成就感，因為在職場上的表現獲得長官的肯定而更加勇往直前。那時的我認為全職媽媽等同於「黃臉婆」，每天在家打掃、煮飯、等先生下班，這種類似清潔的工作並沒有高尚的薪資待遇可商討，也沒有讓人成長的空間。因此，當我面臨「職業婦女」或是「全職媽媽」的抉擇時，並沒有太多猶豫——「職業婦女」就是我的首選。

但是，我的早產雙胞胎來到，把選擇題改寫成申論題：「當一個職業婦女，早產兒給別人帶」或是「當一個全職媽媽，全心全意照顧早產兒」，這個申論題讓我整整思考了一個星期，問了無數的過來人，甚至沒有育兒經驗的年輕女性，最後破天荒地選擇了「全職媽媽」。

從一個對「全職媽媽」有偏見的「職業婦女」，變成一個真正的全職媽媽，我得要面對自己從前的偏見，一切從頭開始。我盡力做好家庭主婦應該做的事情，每天整理屋子、煮飯、等先生下班……除此之外，我也要求自己花更多的時間，陪伴孩子、教育孩子。

在帶著兩個寶貝認識世界的同時，我也再一次地重新學習許多事情。我帶著孩子和我的長輩、我的手足更親近，串起彼此的親情，凝聚家人之間因工作繁忙而逐漸疏遠的情感。突然之間，我發現：雖然我的生活中總是圍繞著孩子打轉，但和她們一起完成的每件事情，都是那麼不可思議，孩子帶來了一股力量，而我竟然是那股力量的再生者。

有許多新手媽媽問過我這樣的問題：「我該自己帶孩子嗎？我該放棄目前的事

業嗎？」、「帶孩子這麼辛苦，我真的要去做嗎？」

如果妳（甚至是扮演父親角色的「你」）自認為還滿有耐性、不排斥帶孩子，願意在孩子小的時候，當幾年全職媽媽的話，那麼何樂而不為呢？現代女性並不會因為在家帶孩子而失去自己個人的魅力，反倒多添了一分柔性美。

在陪伴孩子成長的過程中，可以讓妳和孩子的心靈更接近，這對孩子往後的成長、親子之間的相處有極大的幫助，而且我絕對相信，家庭教育是所有教育的基石，妳對孩子的教導與付出，對整個社會來說是有正面能量的。除此之外，和孩子相處會讓妳的心境年輕許多，妳也會因為暫時離開忙碌擾攘的職場，讓身心有了舒緩的機會。

當然，我還是得說，並不是每一個人都適合當全職媽媽，妳得誠實地面對自己心中的問答。

如果妳決定成為一位「全職媽媽」，接下來可能會面臨一些奇妙的眼光，像是我從前對全職媽媽抱持的偏見，有一部分的人甚至還會認為妳是個「無所事事」的媽媽。只有置身其中或是曾經身處其中的人，才能真正明白「全職媽媽」的意義，這份工作一點都不輕鬆，它是一種身兼義務及社會責任的重要工作。所以，我說：「全職媽媽」真是一種擾人的工作，因為我也被社會大眾所擾啊！但是被「擾」過後，絕對會讓妳有莫大的成就感！

左右愛／亂語

zozo說：「我們家最棒的就是媽媽了！媽媽都可以不去上班。」媽媽回答：「對呀！媽媽好幸福，可是媽媽的工作就是照顧妳們啊，我都要忙到半夜耶，妳們就是我的老闆，所以妳要發薪水給媽媽。」zozo回答：「好，我發十塊錢給妳。」（5.11ys）

當孩子進入我們的生活，愛的小窩變豬窩

每個人總有自己習慣的生活樣貌、喜歡的房屋擺設佈置，哪兒有書、哪兒有植物，都是自己獨特的設計。當兩個相愛的人結了婚、住在一起之後，喜歡的房子樣貌也會跟著改變調整，因為融合了另一半的美感、風格及對家的感覺，彼此經由互相討論，找出平衡點，才讓這個家成為完美的「愛的小窩」。

只是，當相愛之後有了「愛的第三者」，小娃兒進入兩人的世界後，情況可就大不相同！他開始佔領兩人所有的一切。從前我們用大部分的時間談戀愛，現在卻用來哄小孩；從前我們會花一些奢侈費用在餐廳裡享受美食，現在卻花費在買嬰兒食品、買尿布；從前我們會為了對方梳妝打扮，現在卻為了小娃兒的衣服尺寸傷腦筋！以前很多時間是我們兩人的，甜言蜜語在你我之間圍繞，現在卻是「小孩」的，小孩無理取鬧的哭泣聲在我們之間爆炸，小孩可以說是考驗夫妻關係的一枚不定時炸彈。

這枚不定時小炸彈以極快的速度破壞這個「愛的小窩」，原本擺書的書櫃，因為抽取容易而被群書亂彈；附有清香氣息的植物，可能得挪開到一旁孤獨的角落；那曾經浪漫你我之間的裝飾物品，可能也早已被破壞得支離破碎；此時，許多精心設計的裝潢擺設，最好統統挪到高處避難，如今「愛的小窩」最好的擺設就是空空蕩蕩的最安全。當我們清空我們之間的交集時，這枚小炸彈又來了，這次他要做的是把他所有的一切，佔領這個曾經是你我相愛的小窩。

由於孩子不會收玩具，不懂物歸原處的道理，「愛的小窩」恐怕會慢慢地變成一個「大豬窩」。在孩子的認知裡，「當下」是最有趣的，玩完之後就結束，沒有後續程序可以延伸；如果你彎下腰幫孩子做延伸動作，幫他收拾散亂一地的玩具，那麼，接下來恐怕就會展開永無止境的「清道夫工作」。

還不只這樣呢！當生活中有了孩子的身影之後，衣櫥裡多了小小的衣服，浴室裡有小孩專用沐浴乳，書櫃裡有圖片很多的圖書，百科全書不只是建築概念或是歷史叢書，可能多了《恐龍全集》或是《車子》大集合。為了替孩子準備他所喜愛的東西，讓他可以開心地畫畫、玩樂，擁有更多快樂的物質，許多東西在一、兩年之間，以回收車回收物品的速度，塞滿了「愛的小窩」。

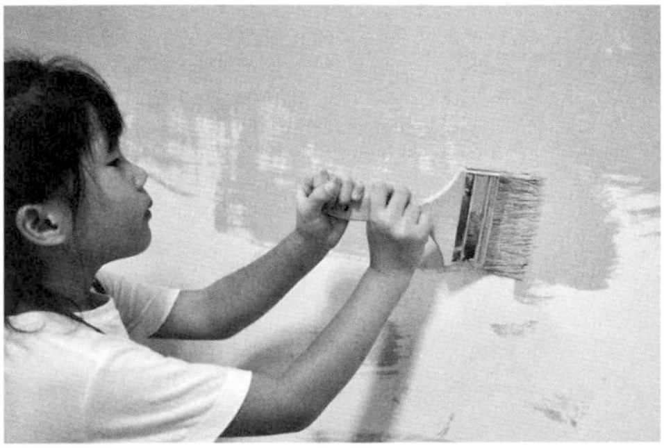

即使是美麗的裝飾品，如果撒成一地，結果可就不太美妙囉。我們可不能讓孩子全面佔領「愛的小窩」啊！這些爸爸媽媽給的愛心玩具與物品，一定得有個讓他記得的地方收納起來。因此，我們可以在家中挪出一個小地方，讓寶貝珍藏他的玩具，提供一些小角落讓他知道，這是放置物品的地方，懂得拿出來之後要放回去。

孩子的玩意兒這麼多，該如何收納呢？

在我的經驗裡，買東西前先考量該不該買，是控制物品最好的方法。一旦東西多，收納工作就變得更複雜，而這些被收納起來的物品通常很容易被打入冷宮，鮮少再拿出來用，所以考慮清楚再購買才是對策。

以下提供一些收納的小撇步給大家：

一張一張的畫紙作品，如何收納？

用厚紙板做個書夾收納大張的紙，小張的紙就用名片本、相簿本、資料夾收納，儘可能用畫冊代替零散的畫紙。由於孩子的畫作很多，用彩色筆畫的圖畫又會逐年褪色，紙張也會變黃不易收藏……所以我會選擇多一種方式收藏孩子的作品，例如在網路上（部落格）記錄左右姊妹的繪畫發展，另外同時期的畫作選擇代表性的收藏，作品儘可能用相機拍照做紀錄，這也是一種數位收納的方法。

立體的勞作作品，如何收納？

1. 盡量讓孩子使用回收物品做勞作，不僅環保，更不會因為作品破碎而感到心疼。

2.在孩子完成勞作後，一定要讓作品有個展示期間（較出色的作品甚至可以拿來佈置家中），選擇一個特殊的角落當作孩子的小小美術館，展覽完畢後也以數位相機拍照記錄。

3.如果是特別具有代表性的作品，可以留下來當作孩子成長的紀錄，但是必須選擇可以耐久的材料，例如木塊、石頭或是蠟黏土的作品。

畫筆的收納

1.常用的筆可以用很多紙盒連結成筆筒，分別放置不同種類的筆，像是鉛筆、色鉛筆、原子筆、油性筆。

2.用一個大筆筒置放彩色筆，讓孩子可以一目了然，隨時隨地看見各種顏色的筆，這是與盒裝收納的最大的不同。

3.用工具收納盒收納蠟筆，因為工具盒一格一格的，依顏色收納可以順便讓孩子學習辨認顏色。

玩具的收納

1.一片一片容易掉落的拼圖，可以用大型夾鍊袋裝起來，防止拼圖片因掉落而失去作用。

2.黏土使用過後，可以用簡單的收納罐（例如市售有

●用工具收納盒收納蠟筆。

●彩色筆的收納。

●小張畫紙可用名片本收納。

瓶蓋鎖頭的優格罐）收納，以免水分流失而過於乾燥。

3.小玩具可以利用有顏色的收納櫃，教導孩子收納的方法，例如藍色格子裡裝的是車子，紅色格子裡裝的是積木……等，或是將回收的牛皮紙箱再利用，做成可置放小物的收納盒。

專屬的抽屜

1.讓孩子學習收納的方法，給他一個（甚至兩個、或更多）專屬的抽屜，告訴他這個抽屜由他作主，可以自己決定如何運用這些抽屜，裝什麼東西、如何置放分類，如果抽屜物滿為患，他得想辦法騰出空間。

2.如果孩子找不到東西，代表他的抽屜不太好用，得適度分類。這個抽屜是我們不能插手的秘密抽屜，因為這個小抽屜就是他學習收納的小雛形。

收拾玩具

1.收拾玩具得從小落實，在小小孩時期就讓他知道玩具箱在哪裡，玩完後，牽著他的手、帶領他到玩具的休息室，讓他自己把小玩具丟入玩具箱，鼓勵他：「好棒！玩具終於到它溫暖的家了！」

2.等孩子長大一些，會辨認顏色後，可以用顏色來幫

●牛皮紙箱也可以是收納盒。

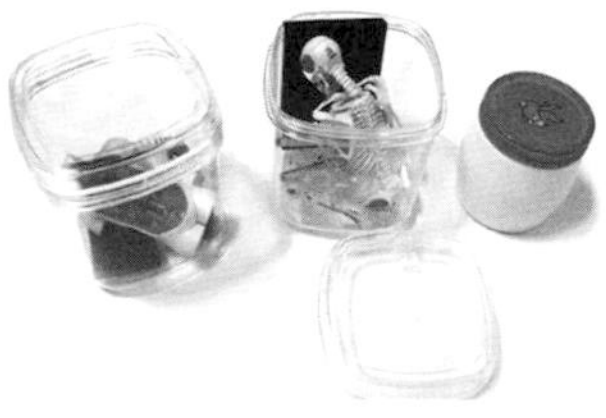

●小物、黏土的收納。

●拼圖可用夾鍊袋收納。

助他收拾玩具，告訴他：「藍色的抽屜是交通工具的停車場、紅色的抽屜是扮家家酒玩具的家……」

3.如果是較難收拾的物品，要和孩子一起收，讓他知道收拾玩具不是一件麻煩的事，有時也是可以和爸爸媽媽一起玩的遊戲。

4.要孩子收拾自己的玩具，大人以身作則很重要，別讓你們「愛的小窩」積滿了成堆衣物、過期的期刊到處扔、昨夜喝的咖啡還有漬痕留在未收拾的咖啡杯上、穿過的襪子在角落邊散發出臭味……等，這些不好的生活習慣，可是無法說服孩子收拾的重要性。

我曾經期待早日恢復兩人「愛的小窩」，不想有太多小朋友的物品佔據我們美麗的家，但是，當zozo、yoyo開始學會自動收拾玩具時，就覺得家裡有了她們的身影也不見得糟。

左右愛／亂語

zozo說：「真希望我有五隻手，這樣可以做很多事。」（5.2ys）

● zozo，玩完玩具要記得收拾啊！

讓孩子看見另一個妳

從孩子一出生開始，「媽媽」對他們而言就是一個每天和他們相處在一起的人，如果有什麼心理、生理上的需求，孩子都會直接找我們，因為他們知道任何事情找媽媽準沒錯！媽媽可以滿足他們所有的需要，幫助他們解決生活中所有大大小小的事。

在孩子眼中，「媽媽」就是這麼棒！像是智多星一樣，什麼事都難不倒她。一直以來，我都很沉醉在這種被強烈需要的情境當中，也樂意為zozo、yoyo提供所有當媽媽可以做的事。

當左右姊妹漸漸長大，可以自己運用時間，不會老是黏著媽媽時，我也多了許多時間，可以做一些「母親工作」之外的事情。她們有時會看見我的書桌前攤著文字與資料，然後對媽媽的世界充滿興趣，「這些是媽媽的東西啊！到底是什麼呢？」她們小小腦袋裡總是充滿了好奇，想知道這些事對媽媽而言到底有什麼吸引力？

我會讓已經認識一些字的zozo、yoyo看看自己寫的文章，也會讓她們翻翻我正在閱讀的書；有些時候，讓她們聽聽我喜歡的音樂，告訴她們我喜歡的作家與音樂家；在旅途中一起分享我喜歡的景色畫面……她們心目中的媽媽因為這些因素已經有些不一樣了，不只是站在廚房料理台前揮汗炒菜的媽媽，也不只是那個幫她們洗澡、說故事給她們聽的媽媽了！媽媽已經融合太多的元素與個人色彩，是個單純、獨立的大人。

是呀！媽媽也是個獨立個體，我常常這樣告訴她們：「媽媽不只是妳們的媽媽，媽媽還是我自己，我要做許多自己的事，我還得常常學習，才能教妳們更多的事；我得愛自己，才能給妳們更多的愛。」我期許她們和我一樣重視自己的獨特性，最重要的是：也讓她們看見不一樣的媽媽。

為什麼要讓孩子看見不一樣的我呢？

● 媽媽演講，zoyo安安靜靜的。

透過觀察、溝通與自我介紹，讓孩子知道媽媽不同的面向，甚至可以說是「欣賞媽媽」、「崇拜媽媽」。我常常欣賞孩子的進步，給予肯定與支持；同樣地，我要孩子也懂得欣賞別人、鼓勵別人，尤其是自己最親密的家人。

我記得在一場親

子座談會中，當我站立著操控投影機，滔滔不絕地演講時，在會場中zozo和yoyo也專心地看著投影片畫面……她們仰著頭靜靜地聆聽，表情專注又可愛，雖然我沒有正臉看見她們，但我知道這兩個寶貝女兒的神情當中，混有一種大人所言的「驕傲」成分，她們以媽媽為榮呢！

那一場座談會結束後，zozo大方地稱讚我：「媽媽，您講得真棒！」

還有一次，我看見她們的眼中露出對爸爸媽媽「驕傲」的表情。那是她們五歲時，我和先生到幼兒園為園區裡的小朋友上了一堂漂流木的創作課程，那時連爺爺都陪著我們一起和孩子創作。那一堂課讓我們很快地成為學校的「明星」，小朋友看見我們都有一種「愛死你們」的樣子。那次我刻意撒嬌地問兩姊妹：「爸爸、媽媽上課上得如何？妳們喜歡嗎？」我一直深刻記得，她們回答說：「我們好驕傲喔！」

孩子瞭解父母，可以讓親子間有更寬廣的方式相處；孩子欣賞父母，知道我們的專長與獨特時，會多了一種親子關係之外的特殊情感。對我來說，這就是將來孩子進入青少年時期之後，我們的「親子關係」昇華為「朋友關係」的基礎模式。

當然，可別忘了，不管在職場上的表現多麼出色，親子間的相處與陪伴一點都不能少啊！因為唯有和孩子親密的相處，才能讓他們看見不一樣的妳。

左右愛／亂語

yoyo說：「我想要我的每一件事裡都有媽媽。」（4.10ys）

● 我們曾經到幼兒園和小朋友一起創作漂流木作品。

獎與懲，不只是糖果與罰站

從左右姊妹兩歲多開始，我就定期帶她們到牙醫診所做口腔例行檢查。要帶兩歲小孩去面對「醫生」、面對「自己的身體」，真是一件詭異的事。身為媽媽的我，在一旁看著她們小小的身軀，躺在看診椅上顯得尺寸太小，小小的臉還容不下「害怕」兩字，不禁竊笑起這個滑稽的畫面。

帶左右姊妹定期檢查牙齒是為了她們的口腔健康，小孩總是喜歡甜甜蜜蜜的糖果，大人隨手給一顆，就能讓他們心花怒放。

小時候，我並不是特別愛吃糖，但總是被那五彩繽紛的包裝紙騙得團團轉，手中如果不握個糖果，就好像世界會變得很不甜蜜；我喜歡握著糖果的感覺，尤其是從漂亮新娘子手中拿到的小糖果。不過，印象中那握在手心被溫度慢慢軟化的糖果，最後總被我擱在一旁，沒有太多吞進小肚裡的甜蜜。

當了媽媽之後，糖果一夕之間和我變得很對立，我不是很喜歡糖果和孩子太親密，因為我知道那意味著甜食、蛀牙，以及不太美妙的後果。

從此，我和糖果小姐不再相愛，我的手心不再依戀地握著糖果，但這並不表示糖果和我從此斷絕關係，有時候因為某些慶祝的理由，我們舔舔糖果；為了可以提升高興分子，我們吃了點糖；為了旅途的熱量降低，我們開心地吃著糖，這頻率不高的享受，在當下特別令人開心。

我在「糖果使用率」上控制孩子的攝取，效果還不錯，每次左右姊妹意外得到的糖果，也總是在放入冰箱冷藏後，被她們漸漸遺忘。

但是孩子上學之後，問題就來了！學校老師習慣以糖果來嘉獎小朋友，每次左右姊妹都可以拿到一、兩顆回家；如果遇上不同老師的嘉獎，回到家後，她們的書包裡總是鼓鼓的一大袋，讓我有些困擾。

因為一放學回家，左右姊妹就討糖吃（幸好她們不會在學校偷吃），我有時拒絕，她們卻說是老師鼓勵送的。

是呀！我怎能剝奪她們努力得來的獎勵，只好說：「只能一顆。」來慢慢減緩糖果小姐的熱情介入。

我試想，如果自己是老師，該用何種方法來獎勵孩子呢？沒錯！糖果是最能讓孩子開心的方法，他們拿到糖果會以歡呼來表示喜悅，而且就預算來說，糖果最能以低價格創造最大效益，但它真的是最好的禮物嗎？我東想西想，想了許多替代的東西，或許，用文具來獎勵也不錯，一枝鉛筆、一個橡皮擦代替一顆糖（價錢相當），一罐膠水、一本小筆記本代替大獎勵，這些都是不錯的選擇，是孩子平常會使用到的必需品。我知道收到糖果的歡呼聲會勝過這些低調的文具用品很多，但舉凡叫「獎品」的東西應該都會讓孩子感到興奮。

在左右姊妹三歲過後，這兩個可愛的小小人類難免出現了踰矩的行為，她們可能會有一些小破壞的舉動、會有不禮貌的行為，這些看起來不太可愛的小錯，當然無須大人大大動怒，但總是要有一套家規來制衡。因此，我們建立了一套左右家的獎懲制度，這套獎懲制度強調的是「獎」勝於「懲」，用「獎」來替代「懲」，讓孩子的獎與懲，不只是糖果與罰站而已。

當然，制訂這套生活公約的獎懲制度，並不是因為zozo、yoyo不乖，而是我要讓她們理解，受獎勵與不認同的行為都是自己可以決定的，得自己負責的。

這套機制很簡單，採計分的方法，只要表現好，就可以適度地加上一分，甚至兩分，當孩子累計滿十分時，可以讓他們選擇一樣禮物；相反的，如果孩子有不恰當的行為，從他們的分數當中扣掉一分、甚至兩分，累計滿十分時，可以獲得一份小禮物。

早期zozo、yoyo還小時，不知如何挑選禮物，我們還做了一個摸彩箱，裡頭是五顆不同顏色的乒乓球，各代表著不同禮物，像是一個文具、一包餅乾、一張貼紙或是一份神秘小禮物。

那時候，她們瘋狂愛上這個摸彩箱，因為摸彩箱帶來驚喜的感覺太美妙，為了摸彩遊戲，她們或多或少節制自己的不乖行為，也努力當個好寶寶。

四歲過後，我讓她們自己決定「滿十分」的禮物。我們總要讓孩子學習衡量「價錢」與「價值」兩者之間的不同，讓他們知道如何選擇一個適合自己的禮物，而

左右愛／亂語

yoyo犯了錯，爸爸和她溝通，問她要怎麼處罰，
她小心地說：「不然我畫一幅美麗的畫送你。」（5.2ys）

非浪費自己努力得來的福利。

在孩子挑選禮物的過程當中，適時建議他們禮物的合宜性，也是爸爸媽媽必須要做的事。所以如果他們想挑個糖果也可以，但絕對要和下一次挑糖果的時間分隔久一些才行。有時聰明的他們會體認出糖果並不是個好禮物，吃過就沒有了，甚至會招來牙菌蟲，想想，還是選擇更有用處的東西吧！

zoyo學習跳舞的舞蹈團，也有類似的獎勵制度。老師會在課程結束後，以蓋章集點的方式鼓勵小舞者，集滿一定點數後，可以自己選擇老師準備的小禮物獎賞自己，這種方式很受這些小舞者的喜愛，頻頻自我勉勵，或是集體合作達到最佳狀態。

所以，如果要獎賞你的孩子，不只是一顆糖果這樣單調的選擇，要處罰孩子，也有很多方法，不妨建立一套屬於自己家中的獎懲制度，有助於你和孩子之間界限的確立。

這樣做的目的，不是要孩子為了禮物而表現良好。如果孩子真的表現良好，給予擁抱是最美好的鼓勵，適當的小禮物也是一種實質的嘉獎，而且讓孩子從中學習到理性消費，會是另一種意外的收穫呢！

我的信用差點破產

週末，我習慣帶孩子回娘家吃飯，算是例行性地回家，也讓兩個寶貝與外婆、舅舅、舅媽和阿姨熱絡情感。

這每週一次的親情加溫頻率，還真的讓左右姊妹特別愛回外婆家。不過說穿了，她們還不是因為可以和娘家的表哥、表姊、表弟、表妹玩得很開心，小朋友從小就需要玩伴，需要大家瘋狂玩成一片的熱情。

這週我們回去較晚，當我喊著：「再十分鐘就要回家了喔！」兩姊妹立刻擺出臭臉，臉部的線條揪在一起，撥也撥不開。

「怎麼了？怎麼這麼不開心？」

「人家才玩一下子而已，上個禮拜也沒有回來，我還想要再玩一下。」

原來小孩子會斤斤計較地計算時間，並且爭取增加自己的額度。

「好吧！那多十分鐘喔。」

這多的十分鐘好像也沒有多大效益，她們依舊臭著臉，然後趕緊把握剩餘的時間，再和哥哥姊姊大戰一回合。

「時間到了，我們真的該走了……」我的腦袋裡計算著回到家洗澡、上床所需要的時間，並開始催促她們：「再不走就太晚了！」

她們很久沒有這麼賴皮，就算多了十分鐘，臉臭的程度也沒有減少。

zozo說著：「每次都只玩一下子，根本就不夠！」

yoyo也跟著答腔：「對呀！我們才來一下子，我好想再多留一會兒。」她們臉部的表情從生氣慢慢轉變成哀求，我無法拒絕她們和我的家人的熱絡，於是試著協調說：「如果明天還有時間，我們再回來一次嘛！」

yoyo這次嚴格地說：「要說正確的，有就是有，不能說如果有。」原來她們會害怕從期待到失望的難受心情。

「是啊！每次說要來阿嬤家過夜，後來都沒有，已經兩次了。」zozo舉證出我的食言而肥，一旁的姪子也說：「對呀！姑姑，妳說要來我們家住已經兩次了，我在家裡等妹妹，結果都沒有來。」

外婆更是以母親的立場唸了我一番：「對啊！妳好幾次說要來過夜都沒有。」啊呀！這下我可慘了，小孩們舉證歷歷加上媽媽的作證，逃也逃不掉。

在那一瞬間，我還真的嚇到了，原來自己的不守信用，都讓孩子在心裡狠狠地記上了一筆。

但我還是想好好解釋，有一次是因為自己突然生病，沒辦法帶孩子回家過夜。還有一次呢？完全是自己的惰性使然……這下可真的糟了！我特別留意對孩子的承諾，還是有漏洞，我的信用指數恐怕要瀕臨破產階段了，我該如何讓孩子再次信任我呢？

我明白「一言既出，駟馬難追」的道理，為了遵守信用，我習慣在承諾之前，多想想幾分鐘，甚至多計畫幾天。以前我總是興致一來，就開開心心地答應孩子，並且公佈令人亢奮的計畫，一旦遇上困境才央求孩子彈性對待。一、兩次可以，久了，孩子會因為期待落空產生的失落感，很容易對爸爸媽媽的承諾大打折扣，我可不希望自己在孩子面前信用指數過低，所以在承諾之前，總是和先生仔細討論，再公佈令她們興奮的決定。

如果真的遇上了麻煩，原先的計畫有了變化時，為了減少孩子的失落感，就把問題變成大家的問題吧！

「怎麼辦？那一天突然不能去動物園了，我們一起來想想辦法。」

「如果不買這個東西，還有什麼可以代替的呢？」

辦法總是有的，可以延期或是以別的方案取代。這個討論的過程就是和孩子共同解決問題的好時機，我們不一定要滿足孩子的每一樣需求，甚至可以讓他們知道事事難料，難以預防。讓孩子知道「補救問題」的重要性與方法，勝過要他們默默承受難題，或是完全順從孩子的心意好。

我們可以和孩子一起解決困難，一起研究新方案，讓孩子有一種「這是大家的計畫」，而非「這是爸爸媽媽答應我的事」的感覺。

我一向謹記在心的「信用法則」，還是被自己的惰性所陷害，看來下次我真的要好好守信用。這一次，我答應zozo、yoyo，隔天再次回到外婆家，讓她們盡興地玩一天，也承諾下次家族聚會時，一定會讓她們在外婆家過夜。幸好左右姊妹願意再給我一次機會，不會因為一次的失誤，就否定我所有的努力。

第一次被孩子控訴、被家人指證的感覺真的很不好意思。親子之間的「信用感」是很重要的，孩子願不願意相信你、與你共享秘密、把心裡的話偷偷告訴你，這

左右愛／亂語

yoyo玩記憶遊戲時，哭著說：
「我的頭腦沒有你們（大人）那麼大，
我記不起這麼多事……嗚嗚嗚……」（4.7ys）

些都是建立在信用之上的情感，因為孩子相信你是個有信用的人，絕對會幫他保守秘密。我啊！可不能再忽視這一點，一旦信用破產可就得不償失囉！

撿到的？偷拿的？

zozo是個好奇心強的女孩，她總是喜歡東撿西撿，把目光放在大人看不見的小細縫裡。我常常搞不懂，為何她對每一樣物品都充滿興趣，每次回家後，她的口袋裡總是鼓鼓的，翻開口袋，淨是類似垃圾的東西，像是一條髒兮兮的橡皮筋、兩、三顆果實、枯葉數片、糖果紙（甚至還濕濕的）、一根短黑頭髮、有老師字跡的便條紙（顯然是掉在地上不要的）、對摺準備丟棄的標籤紙、紙張的一小角、掉落的釘書針……等，這些一攤開在桌上還真是嚇人。

雖然我知道孩子眼中的東西價值不像我們大人所定義的，這些被我稱之為「垃圾」的物品，可能對zozo來說是個無價之寶，她總是說：「我可以拿來做作品。」這麼一說，我也不知該如何是好。於是我們之間有個協定，如果看起來像是別人使用過的物品，像是濕黏的糖果紙、烏黑骯髒的紙張，或是掉落的髮絲……這些都不能撿，畢竟還是有衛生問題要考量。我還建議zozo盡量撿一些大自然的東西，像是石頭、枯葉、樹枝與果實。

和她約法三章後，彼此的心情就放鬆多了，她可以繼續當個蒐集家，而我也不用提心吊膽地擔心她會沾染到什麼病菌。後來我發現，zozo撿的東西愈來愈多元化，也愈來愈高級，她會撿到亮晶晶的塑膠亮片，或是五彩顏色的紙片，有時甚至是一顆鈕釦、一個筆蓋，她的行徑愈來愈像是瑪蒂達（註），這些撿來的東西也愈來愈有

「價值」呢！

有一天，zozo放學回家後，攤開口袋中的收穫，在這麼多凌亂的小東西裡，突然出現一個粉紅色的小熊髮夾，這個髮夾很可愛，小小熊搭配愛心圖案，是小女孩都會喜歡的髮夾。

「zozo，這個髮夾是妳撿到的喔?!」我問著。

「是呀，我撿到的。」她很驕傲自己蒐集到很棒的物品。

「可是，這是別人用過的耶，妳留著就好，不要夾頭髮喔。」

zozo答應我，她的目的是「蒐集」並非「使用」，當下我也沒有多想。但不知為何，到了晚上，這件事讓我很煩惱。

睡前我一直反覆思索，這個髮夾到底是在哪裡撿到的？就算是在校園裡，那也意味著一個小女孩著急地尋找她最心愛的小熊髮夾……如果zozo就這樣拿走，不就讓一個女孩感到傷心難過？就算髮夾主人不在乎失去這個小東西，zozo撿到的物品，有明顯的主人範圍（一定是學校同學的），我是不是應該要讓她學習物歸原主的美德，讓她知道「拾金不昧」的重要性，不屬於自己的東西是不能佔為己有的？如果我不告訴她這些，以後她要如何去界定「撿到」與「佔有」之間的不同？

隔天，我認真地問zozo，髮夾是在學校哪裡撿到的。

「在工作櫃裡，可能是有人掉在那裡的。」她很認真地回答。

工作櫃是班上學生放置教具的櫃子，看樣子是有人掉落在櫃子上，zozo就這樣拿走，雖說是「撿到」，其實也可以說是「拿走」。

「所以髮夾的主人可能是妳班上的女同學囉，她的髮夾不見了，那她現在一定很著急，就好像上次yoyo的制服不見，有人拿走了都沒有歸還，那時yoyo好傷心喔！」我儘可能描述一個主人失去心愛物品的心情。

「zozo，我覺得應該要把髮夾拿回去給老師，髮夾本來就不是我們的，這就好像是我們撿到錢，也不應該佔為己有。如果那位女同學找回髮夾一定會很開心的，還會謝謝妳幫她找回心愛的東西呢！」

zozo似乎理解到，這只髮夾可能會讓一個女孩哭慘了，以及失去心愛物品的難過，所以她馬上點點頭說好。

第二天zozo到學校，遞出小熊髮夾給老師，「老師，這是我前天在工作櫃撿到的髮夾，不知道是哪一個同學掉的？」zozo的行為立刻獲得老師肯定的眼神，她的臉上也露出自信的笑容。我相信，在她心中已能界定出蒐集物品的界限。

註：瑪蒂達是繪本《瑪蒂達和她的小紙片》中的主角，她是一個喜歡到處撿紙片的女孩，遠流出版。

左右愛／亂語

yoyo問：「媽媽，
小偷為什麼有全部的人家裡的鑰匙？」（5.3ys）

● zozo喜歡東撿西撿，蒐集物品。

只有一半的獨立——住在別人家

小時候，我很喜歡小表妹住在我們家，每次總是和小表妹扭扭捏捏地走到小姑及小姑丈面前，幫她求情：「姑丈，今天晚上可不可以讓阿芳住在我們家？」但是失敗的機率總是佔大多數，我總是不明白，為什麼小姑丈不讓表妹住在我家呢？

大人一貫的回答是：「這樣會玩瘋了。」

什麼是「玩瘋了」？表妹和我玩會瘋掉？一直到現在，當了媽媽的我終於體會出「玩瘋了」的真正意思。

左右姊妹特別愛媽媽，五歲的她們還是無法獨立，需要媽媽長時間陪伴，倘若晚上媽媽沒有來一段親親抱抱的「睡前儀式」，她們是不會乖乖上床睡覺的，而且還會哭倒在自己的房裡。對我而言，這是一種小小的甜蜜負擔，想到她們這麼愛我，就覺得有一種身為母親的優越感。但是當爸爸媽媽的總是有多方面考量，希望寶貝愛你、黏你，又期望他能獨立自主，不要過度依賴父母，所以得在不同階段，給予孩子不同程度的生活經驗，希望孩子能學習照顧自己。

照顧自己有很多方法，例如自己洗臉、刷牙、洗澡、穿衣、吃飯、獨自睡覺、學習做家事、懂得照顧自己的身體……這些都是學習獨立的漸進式方法，而這些有一種實習的方法，那就是讓孩子住在別人家。

和左右姊妹說了那麼久，終於要讓她們嘗試看看夜宿外婆家一晚，體驗沒有爸爸、媽媽在身邊的生活。外婆家是她們熟悉的地方，讓她們住在那兒我很放心（當媽媽的就是永遠有很多事要擔憂）。

zozo迫不及待想體驗夜宿別人家的生活，不過yoyo不放心，怎麼樣也不願意，說了很久，把舅舅、舅媽會帶她們出去玩，表姊、表哥一起睡的誘因，統統都用上了，才讓她勉強答應，在沒有爸爸媽媽的陪伴下，住在外婆家。

我不斷地告訴zozo、yoyo，「住在別人家」不能只是去歡樂，就某方面來說，它會帶給別人一點小麻煩，對方需要好好招待客人、做好照顧客人的準備，再怎樣都是「打擾人家」，所以我希望左右姊妹做到真正的獨立，要照顧自己，晚上自己洗澡、睡覺，早晨起來自己盥洗、梳理頭髮，不要麻煩到別人，並且要懂得回饋。

我要求她們在夜宿期間幫忙舅媽做三件家事，這家事可大可小，幫忙拿個東西、擦桌子都可以，最重要的是誠心誠意幫忙。她們答應了，允諾除了照料自己外，一定會幫忙做家事，就這樣，那天晚上我們夫妻倆留下她們在外婆家，自行回家了。

想必這天晚上四個孩子都玩瘋了，到了半夜四點還不睡覺，最後，好不容易睡著的zozo說了一句夢話：「雅雅姊姊，我要喝牛奶。」又讓四個小孩半夜一起醒來，忘了繼續睡，搞得睡眠時間大亂。

隔天看見左右姊妹時，她們的臉上看不見疲憊，倒是興奮的因子不斷地在她們身上竄動著。當我問姊妹倆有沒有幫忙做家事時，她們說還差了兩件事，我嘟囔地說：「回家前要記得完成三件家事喔！」她們開心地說好，然後又和表姊、表哥鬧烘烘地往房間衝去，那一瞬間，我終於明白小時候姑丈所說的「玩瘋了」，大概就是這種情形吧?!

一直到該回家的時間，她們還是忘了主動找家事做。在三番兩次叮嚀後，我開始有點惱火了！我把正興奮衝撞的她們拉到門外，我的眼神應該讓她們感覺到，事情似乎不太對勁……

「不是說好要做三件家事嗎？這是媽媽最基本的要求，妳們到外婆家過夜，對人家來說也是一種打擾，總要學習分擔一些家務事。」

我是真的生氣了，然後我要zozo掃地、整理客廳的桌子，yoyo負責排列騎樓下的鞋子、擦拭餐桌，說好的約定，一件也不能少。

回到家後，我要zozo、yoyo畫日記，畫出她們在外婆家所做的事，她們的確有照顧好自己，自己盥洗、準備早餐、綁頭髮，甚至照顧表弟，但就是忘了做滿三件家事，對我來說，這就是只有一半的獨立。

雖然知道孩子到自己娘家過夜應該要放輕鬆一點，但我還是覺得不能造成別人的困擾，並且要幫忙分擔點家事，對我而言這才是真正的獨立性。在外婆家，不僅要照料自己，還得適時伸出援手幫忙分擔家事，這會讓孩子長大後居住他人家時，懂得尊重別人，知道該如何掌握分寸，學習真正的獨立行為。

後記：過了三個月，左右姊妹再度夜宿外婆家，這回可真的獨立滿分，她們高興地回報：「我做了五件家事喔！」

左右愛／亂語

yoyo說：「我的旅館就是媽媽。」（5.1ys）

● 第一次外宿外婆家，好開心！

母親節的洗腳活動

女兒五歲那年的母親節，幼兒園有個特殊的感恩活動，邀請家長到學校，讓寶貝們幫大人洗腳。

yoyo在母親節前幾天，就一直告訴我一定要來學校，「我要幫媽媽洗腳。」我心想：踏在地上的臭腳丫怎麼好意思請人洗，要女兒幫我洗腳，我還得先幫自己洗過腳才行。

我的女兒不知腳髒有何為難之處，她們只知道母親節就是要幫媽媽洗腳，「媽媽，我很愛妳，妳一定要來學校讓我洗腳。」

洗腳活動的前一晚，我還是很不太好意思，想著隔天要讓兩個女兒洗腳，洗澡的時候趕緊將自己的腳掌努力搓洗，泡泡溫水並且用保養品去角質，縱使我知道幫我洗腳的是連我的汗臭都當作香水的寶貝女兒，但是要把自己這麼隱私的部分呈現出來，還真是害羞啊！

隔天，我穿著輕便的涼鞋來到學校，沒想到來享受洗腳之樂的爸爸、媽媽、爺爺、奶奶這麼多，每個人都想讓寶貝的小手幫自己洗腳。

那天我異常安靜，很想知道「洗腳」與「孝親」之間有何關聯？看見小朋友在台上蹦蹦跳跳，喜悅著家人來到學校看他們表演，zozo也在孩子群當中舞動著肢體，笑容不時地飄向我……這個開心的女孩待會兒要幫我洗腳呢！她是用什麼樣的心情，迎接母親節的洗腳活動？

我的腦子裡都是前一晚俏皮的對話。

zozo說：「媽媽，明天洗腳時我要偷癢妳，在妳腳掌搓癢。」

我說：「這樣媽媽會打翻水，會受不了癢啦！」

表演完後就是奉茶時刻，我看著許多小朋友捧著茶杯緩緩地走進教室，zozo也進來了，她小心翼翼地端來一杯茶，這個「奉茶」的步驟真是讓我百感交集，我看見我的孩子小小的膝蓋跪在我面前，輕輕地將一杯溫熱的茶遞給我，並且給了我一抹未曾有過的期望笑容，這是我從來沒見過的表情，我心裡複雜得很，擔心著她那小小的膝蓋會不會疼。

我不喜歡有人向我下跪，我甚至無法接受那種以上對下的姿態，可是處在錯綜複雜情緒當中的我發現：我與她之間那條隱形的線再度出現，我凝望著她，她也望著我；我知道她的期望、明白她的感受，她渴望透過一杯茶得到母親的肯定，那個肯定太過複雜，必須以膝觸地才能得到，寶貝，妳的舉動真的讓媽媽不知所措啊！

奉茶過後，我幾乎沒辦法再繼續下去，有的媽媽早已淚流滿面，孩子天真的臉望著媽媽，到底能否感應到母親心中澎湃激動的心情呢？

我收斂起激盪的情緒，以及在眼眶裡打轉的淚水，母親節應該要快樂，我想要以孩子的情緒度過這樣的洗腳活動，我要像女兒一樣，以喜悅的心情共度這段美好時光，所以我刻意勾起了zozo的頑皮回憶，「妳不可以故意搓癢喔！媽媽會受不了……」然後，zozo笑嘻嘻地在我去過角質的腳掌搓癢，讓我的身體不受控制地隨著她扭來扭去，躲避著癢處……

下午，換去小女兒的班級洗腳，同樣的事又得深刻體驗第二回。yoyo遠遠地端來一盆水，這盆水漂浮著幾片薄荷葉，水中傳來陣陣香味，錄音機播放著抒情的感恩歌曲，讓整個氣氛達到「催淚」的最高點。

我看見yoyo小心翼翼地將臉盆放在我面前，她俏皮又貼心地說：「媽媽，待會兒我會讓妳很舒服喔！」

真正催淚的並不是眼前的環境，而是我的寶貝女兒一心只想要我舒服的認真表情，看著她又跪又洗腳，我不免想起從前幫她們洗身子、擦屁股的那段日子……時間過得這麼快，那個襁褓中的baby如今已是個懂事的小女孩，她坐在我面前，溫柔地問：「媽媽，這樣舒服嗎？」

看著她認真的表情，我想自己真的是太幸福了，五年來，我從來沒有深刻感受過母親節這件事對自己有什麼意義？就算是未來幾年，我還是不在乎過母親節，因為在我的回憶中，真正辛苦的其實是我的母親，我想對她說一聲：「媽！母親節快樂。」

左右愛／亂語

yoyo說：「媽媽，如果妳回到小時候，
我就可以照顧妳了，我好想照顧媽媽喔！」（4.8ys）

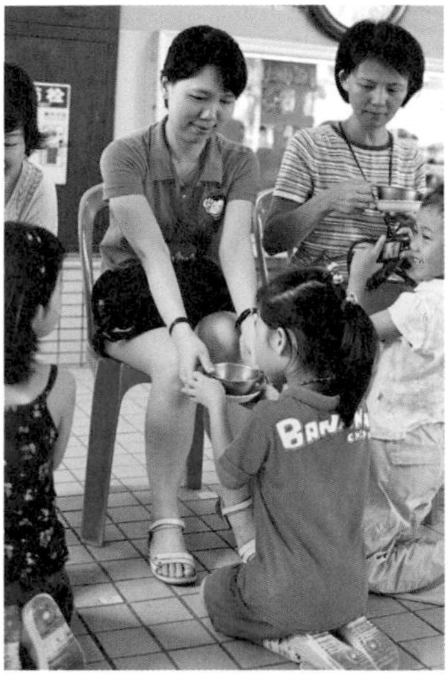

● yoyo跪著奉茶。

● zozo以膝觸地奉茶。

● zozo開心地幫媽媽洗腳，
並且想偷偷搓癢。

● yoyo奉茶，她的眼神中
期望著媽媽會喜歡。

玩偶、毯子、長不大的小孩？

在一個偶然的機會下，我接受某家旅遊雜誌記者的電話訪問。那次訪談的主題是「親子旅行」。在電話中，我們幾乎是無所不談，討論著親子旅行中會發生的大大小小問題。

我還記得，記者問了我一個問題：「妳會讓孩子帶著自己貼身的玩偶出門嗎？」「會啊！」我毫不猶豫地回答。

常常有人覺得，隨身帶著心愛的玩偶出門、裹著小時候的小毯子聞著熟悉氣味的小孩，是長不大的孩子，我並不這麼認為。我身邊許多已經長大成人、甚至為人父母的朋友們，還是喜歡裹著充滿童年回憶的小毯子入睡，這些朋友有的十分有成就，怎麼樣也看不出長不大的徵兆。

裹著充滿安全感的小毯子，是一種尋求穩定情感的過程。如果這條毯子能夠帶給孩子夜間入睡的安全感，稀釋他白天的不安情緒，那有何不可呢？就好像成人遇到煩惱時會想小酌一杯、聽聽音樂、看看書、和朋友說說話來紓解壓力一樣，每個人處理的方式不同，和「成熟」、「幼稚」沒有什麼關係。

長途旅行前，zozo、yoyo總會問我：

「媽媽，我可以帶小白熊一起去玩嗎？」

「當然可以囉，小白熊和我們是一家人呢！」

當我們計畫著帶心肝寶貝一起去旅行，想要讓寶貝有個愉快的心情時，孩子也有同樣的心情，希望他的寶貝能有個快樂的假期，能和他一起感受旅行中的快樂。旅行時，左右姊妹會把自己的小白熊（zozo的玩偶熊）、豆豆（yoyo的麋鹿玩偶）也繫上安全帶，在車子奔馳的過程中，把窗外的景色一一介紹給它們，「豆豆，這裡是嘉義了喔，你看，好多樹呢！」

我的原則是長途旅行可以帶著玩偶一起出門，短程不過夜的小旅行可以不用帶，因為小旅行結束後，當天還是會回到自己的家，晚間還是可以和小玩偶相聚，所以不用特地帶出門。

在我們家有個不成文規定，玩偶一旦出門，回家就要洗澡。我常常告訴左右姊妹：「妳們每天都要洗澡，寶貝玩偶出門回家後也會髒兮兮的，也要幫它們洗澡。」因為玩偶洗了，勢必得等個一、兩天才會被太陽公公曬乾，這兩天漫長的等待，讓zozo、yoyo聰明地選擇小旅行時，不帶玩偶出門。

另外，我們和孩子還有個規定：在旅行中，小熊是不跟著下車的，只有回到旅館時才和我們一起過夜睡覺，道理是一樣的，玩偶一旦下了車就容易髒。這是我和孩子，孩子和玩偶之間的小小約定。

帶著玩偶去旅行不是幼稚的行為，是「責任心」、「同理心」的養成；裹著小毯子睡覺也不是長不大，是尋求穩定情感的方式之一。與其帶著否定的表情要孩子放棄小毯子、小玩偶，學習長大，不如放下心，和寶貝玩偶一起旅行去吧！

你希望孩子快樂，孩子也會希望他的玩偶快樂。

藉此文章，我也要向我的兩個寶貝外甥自皓與崇恕道歉，之前阿姨笑你們帶小熊回外婆家，是為了逗你們，沒想到你們從此不敢帶出門了，真的很抱歉！我的玩笑話好像傷到你們了，真正長不大的其實是阿姨啊！

左右愛／亂語

yoyo拿著媽媽從前買的一個玩偶，歪著頭問：
「爸爸媽媽，大人買玩偶是為了什麼？」（4.10ys）

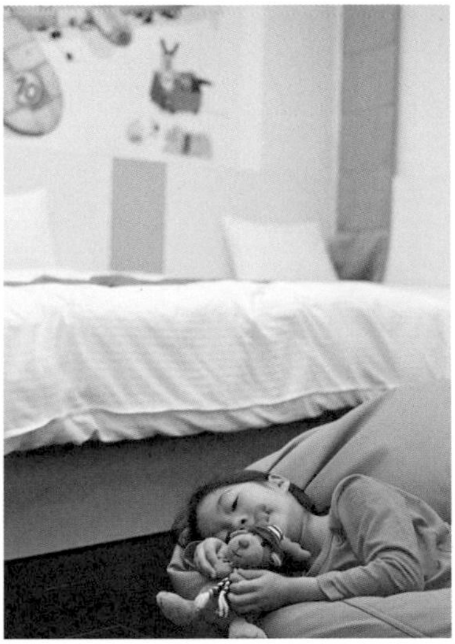

公共場所的禮儀，你和孩子都做到了嗎？

在網路上遊走，有時會看到不同領域的人所留下的見解，得到不少啟發。我在搜尋資料時，無意間看見一位女性部落客，訴說著一件令她不悅的事。

這位女性網友說：她在一家書店看見幾個小孩奔跑嬉戲，他們的父母親卻不制止，這對父母甚至不經店家同意，隨意地摘下書店暢銷書排行榜的名次展示牌，和孩子一起學習認識數字。另一對父母更是離譜，把幼小的孩子丟在書店看書，自己到百貨公司其他樓層逛街，孩子一時找不到父母親，害怕地哇哇大哭！讓書店的店員不知所措……

看完這篇文章後，我心有戚戚焉，當我們帶領著孩子到書店想從事「有文化」的活動時，是否想過：自身行為符合真正有文化的作為嗎？孩子會在書店大聲喧嘩嗎？自己是否會用更大聲的聲音制止孩子的吵鬧？這些看似在管教小孩的舉動，其實都已經影響到在場的其他讀者了。

有朋友曾經告訴過我，因為孩子太過吵鬧，她不敢帶孩子到圖書館，我記得當時是這樣回答她的：「我反而覺得愈是害怕，愈應該帶孩子去面對這些需要控制音量的場所，讓他學習在公共場所的基本禮儀，愈是不敢進入這些地方，就愈無法在這些場所當中表現得宜。」

帶孩子去公共場所，不是要強制他閉上嘴、不准動，而是在行前告訴孩子，到了這些場所，該如何維持應有的禮儀及公德心。

你必須讓孩子知道，當他在書店製造出高分貝的聲音時，其實已經影響到其他人了。如果你真的希望孩子能在書店閱讀繪本、童書，就應該陪伴在他身邊，和他一起看書（除非他的年紀，已可以自己安靜閱讀）；如果孩子身體不適或是情緒失控，一定要趕緊將他帶離現場。你可以在書店外頭告訴他，他的吵鬧會影響到別人，等他情緒穩定後，再進入書店。

同樣需要高度公德心的場所還有醫院、美術館，要讓孩子學習如何在這些地方自處。你可以比個小手勢要孩子控制自己的音量，我和左右姊妹的暗號就是手轉動旋鈕的手勢，這是在告訴她們：音量轉小聲一點。有時我甚至說：「這裡只需要3的音量，但妳們現在有6的音量。」來讓她們知道自己目前的狀況。

我曾經在部落格寫過一篇文章〈脫下孩子的鞋子〉：

每一個小小孩都像是一顆跳動的皮球，他會滾動、會亂跑、更會原地跳躍。「餐廳」是孩子表演跳躍運動最常曝光的場所，我常看見許多小小孩在椅子上、沙發上不斷地動著、跳著、扭著、站著，這是多麼有活力的年齡層啊！

親愛的朋友，在我們享用餐廳美食時，請為下一個享用者留下美好的用餐環境，脫下小朋友那雙跳動的腳所套的小鞋子，別讓他鞋下的汙泥壞了他可愛的一面，而這同時也是教導他公德心的最佳示範。

「鞋子」，本該屬於地面。

當時我有感而發寫下這篇文章，是因為太多次在餐廳中看見許多父母讓孩子穿著鞋在餐椅上跳躍，甚至是讓他們直接在餐桌上跳（我曾目睹一位小嬰兒在餐桌上直接摔下來），完全沒有考慮到下一梯次的客人。如果你用餐時的前一組客人，有小孩穿著鞋在椅子上跳，你還願意讓自己乾淨美麗的衣服，坐在這把椅子上嗎？有時我甚至看見許多父母直接脫下孩子的褲子，當場換起尿布（當時還有許多其他的用餐者），也許爸爸媽媽已經習慣孩子的尿味，但不表示其他正在享受美食的客人，得同時享用這套陌生且有怪味道的「無形餐」，這樣對其他客人來說真的是太失禮了。我記得左右姊妹一歲多時，曾讓我們在一個餐廳裡，跑進跑出好幾趟，那時還包著尿布的她們，一下子要換尿布，一下子又因為突然便便得處理，因為餐廳裡沒有哺乳室及親子廁所，我們只好回到車上處理。整個晚上我們都無法好好享用那頓精緻的晚餐，因為我們知道為其他客人保留好的用餐氣氛是一種公共場所的禮儀。

要讓孩子學會公共場所的禮儀，我們成人也要跟著一起學習公德心！不然孩子長大後，反過來糾正你缺乏公德心的行為時，那才是真的很尷尬。

左右愛／亂語

到台北市區時人潮很多，yoyo說：「我不知道世界上有這麼多人。」結果頻頻有人撞到她，yoyo又說：「有些大人撞到小朋友都不會說對不起。」（4.9ys）

放下那萬惡的食指

教養孩子會有慣性，不管是詢問孩子的口吻、或是面對孩子時的肢體語言。最近我發現自己有個不好的壞習慣，就是動不動就用「食指」來表達我的怒氣。

當zozo、yoyo惹我生氣時，我常忍不住指出自己的食指，這樣的動作就像是拿著尖銳的矛對著孩子一樣，充滿著攻擊性，對孩子很不公平，因為她們沒有盾可以保護自己，任憑大人亂箭射之，只能像隻小貓咪般無辜地看著我。

如果語言是一種中傷人心的工具，那麼咄咄逼人、指著人的「食指」肯定也是一種暗器，比出暗器面對孩子，真的是一場不公平的對峙。

我們成人總是習慣用訓斥的口吻教訓孩子，甚至拿出自己的食指指向他們，用這種從上而下的姿態指責孩子，常讓孩子膽戰心驚！當負面情緒一上身時做出的不理智反應，通常都不會有好的結果。

我們都曾經被自己的孩子氣到昏頭說不出話，有時暗自生悶氣，像隻河豚帶刺地游離現場。但若無法控制自己的情緒，往往失控地指著孩子：「你怎麼都講不聽！

媽媽已經說了好幾次了，每次你都……」（「每次」這詞實在缺乏客觀性）、「你如果再這樣，就試看看……」（「試看看」就是一種威脅小孩的用詞），此時，爸爸、媽媽對孩子來說就像一隻巨大的大毛怪，只能仰著頭偷看他們一眼，然後嚇得說不出話來。

我承認自己也做過這樣的蠢事，只是每次一伸出食指，大腦馬上就會產生反射性思考，「如果別人這樣指你，你作何感想？」然後在指責孩子過後，覺得這像是暗器的食指充滿著罪惡，指尖頓時還有一種假性的酥麻感。更嚴重的是，我發現zozo、yoyo開始模仿著我，也會比出食指，對著讓她們生氣的人。

所以我開始學習放下萬惡的食指，那可能會切斷親子情感連結的「肢體語言」，改用另一種溫和的方式，像是用第三者的口吻說：「妳媽媽可能不太開心了，她可能快要生氣了！」、「如果妳的爸爸媽媽聽到這些話，可能會很傷心。」或是提醒孩子收起情緒化的反應，別把事情擴大，不然就得到冷靜區與「平靜」做朋友。

在生活中，我們不免會對於孩子不成熟的行為感到困擾，當你放下「萬惡的食指」後，事情就能解決嗎？當然不會！因為你咄咄逼人的態度並沒有因此而自動消失。

爸爸、媽媽在失控情緒下所帶來的壓迫感，會讓孩子感到不安，心中有所顧慮：

「如果爸爸、媽媽這麼生氣，我怎麼敢說真話？乾脆不要說好了！」

於是，原本的問題沒解決，可能又增加了一樁說謊事件。

我自己在面對孩子情緒失控時，習慣要她們先喝一杯水。

如果你的孩子一時無法冷靜下來，在我們家有一個不錯的方法，讓孩子喝水，我們會讓孩子喝水，一杯、兩杯，甚至三杯，通常喝完水後孩子都能降溫，真正「冷」靜下來。

（節選自：《一開始就不孤單》〈喝杯水收回壞情緒〉。）

藉由這杯水冷卻孩子暴躁的情緒，同樣地，我們成人因孩子行為不當而氣呼呼的同時，也不妨先喝杯水，並且暫時離開現場，轉移注意力，別讓自己過度的怒氣影響處理事情的客觀性。

如果你的孩子真的「每次都這樣、講了好多次都不聽」，那麼，你肯定得想辦法用別種方式來解決問題，食指可是一點都幫不上忙的。

左右愛／亂語

zozo在學校發生情緒失控事件，我問她：
「妳那時候可以深呼吸一下，或是喝口水啊！」
zozo回答說：「我一時找不到水。」（5.10ys）

● 食指的魔咒。

終於可以捉弄妳

一天美好的日子，總是跟著妳們的情緒走，妳們開心笑嘻嘻，今天鐵定是個風和日麗的大晴天；妳們一早哭哭啼啼，一定是個細雨紛飛的下雨天；如果早晨起來，是被妳們的爭吵聲所吵醒，我想一定是狂風加暴雨。

運氣好時，我得到一個好天氣許可證，這一天全家人都沉浸在快樂的時光，可以互相逗來逗去，甚至推來推去假裝打太極，這是最好的狀況；如果今日天氣預報是壞天氣，我們恐怕得生一整天的悶氣。

此時，即使在職場上叱吒風雲的大人，想要調解小小孩的情緒，可一點都沒用，連個小兵都比不上。大人的一舉一動完全被他們操控在手掌心。孩子啊！就是有辦法搞瘋爸爸媽媽，讓他們忍不住求饒：

「寶貝，你們可以停下來了嗎？可以讓爸爸、媽媽休息一下嗎？」

夜晚終於來臨，沉默的睡神找上妳們，妳們開始打呵欠、精神不濟，想找小熊……開始裹著棉被聞聞熟悉的氣味，然後一步一步、慢慢地進入夢鄉。

「萬歲！」今天終於結束，可以擺脫「情緒氣象」的干擾，擺脫兩個把我快要搞瘋的小娃兒。

夜裡，我在另一間房繼續努力地工作著，忍不住想起，該去看看妳們是不是踢被了？就像從前我的奶奶半夜起來幫我蓋棉被一樣。有時我還沒熟睡，可以感覺到奶奶緩慢、輕柔的動作，奶奶應該是怕吵到我，所以靜悄悄地走進房裡為我蓋被。

夜深了，我開了門進去房裡看看妳們，妳們正熟睡著，發出呼呼的打鼾聲。我勞累的身體因為看見熟睡中的妳們，而感覺舒適許多。心裡雖然還惦記著白天妳們如何整爸爸媽媽的情節，但那股不悅感很快就消失了！媽媽真想親親妳們，一下、兩下、三下、四下、五下親親……熟睡中的妳們突然翻了個身。

小時候的我假裝入睡，現在的妳們睡了嗎？是不是和小時候的我一樣假睡？我調皮地翻開妳們的眼皮……嗯，睡著了。

大地的聲音漸漸變弱，有些家庭還傳來孩子的聲音，雖然不關我的事，但我卻有點生悶氣，「都深夜一點了，怎麼還不讓孩子睡覺?!」

我慶幸著自己的孩子正熟睡著，白天所有熱鬧的、複雜的、多變的情緒都會在睡眠當中慢慢淨化……

世界愈來愈安靜，只剩下先生翻閱書籍的聲音，還有我在鍵盤上發出滴滴答答的作響聲。我伸了懶腰，還在想白天妳們畫的畫，畫中有爸爸、媽媽。還有妳們留下的笑話，我忍不住笑了出來！多麼想去捏捏妳們的臉頰，但這次沒有捉弄妳們，因為如果不小心妳們醒了，我就一點都笑不出來了。

夜更深了，洗過澡後，準備上床前，我來到妳們的房裡，幫踢被的妳們蓋上小被子，也幫妳們踢被的玩偶，蓋上妳們為它們貼心準備的小被子。

我靜靜地看著妳們，覺得自己好幸福。

我又來了，親一下、兩下、三下、四下、五下親親……然後當一個煩人的媽媽。

「愛不愛媽媽？」我竟然等待著熟睡的妳們給我答案。

zozo總是閉著眼睛，露出微笑輕輕地說：「愛。」

yoyo卻是不耐煩地說：「愛！」

這兩種愛都讓我好喜歡。

我又問：「有多愛？」

zozo還是有禮貌地說：「很愛很愛。」

yoyo卻說：「啊……」表現出「不要吵我」的感覺。

我嘟著嘴，不想妥協，「到底有多愛啦？」

我承認不該吵小孩的，但此時我就是個小孩，幼稚地想起白天她們也這樣鬧我。

yoyo還是：「啊……」然後翻個身，轉過臉去。

最後，我生氣地拍拍她的小屁股，「白天都欺負媽媽，晚上換媽媽捉弄妳啦，到底有多愛啦？」

孩子仍舊熟睡著，沒有人要理我，只剩下先生在一旁露出不解的表情，看著我。「回房裡睡覺吧！明天晚上繼續追問。」我告訴自己。

左右愛／亂語

媽媽問：「zozo，妳知道媽媽很愛妳嗎？」
zozo回答知道，我又問：「妳怎麼知道的？」
zozo回答：「我從我的心裡知道的。」（4.3ys）

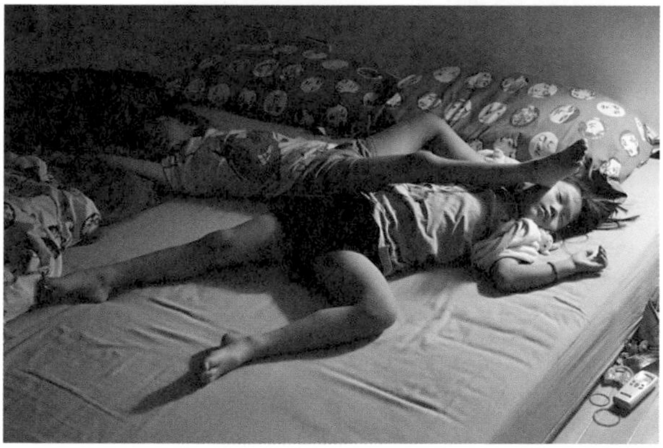

●睡著後的左右姊妹，姿勢很怪異。

用幽默童話教養孩子

在日常生活中，我喜歡用可愛的口吻和小小孩說話，我慣用天馬行空的思考模式和孩子一起想像。如果遇上令她們不開心的事，轉個彎，用幽默的方式解決困擾，通常會比大人正經八百、理所當然的口吻解釋來得容易，也能讓寶貝很快地瞭解意思。

為了讓zozo、yoyo對已經死去很多年的音樂家莫札特產生興趣，我對她們說：「有一個音樂家已經兩百多歲了喔！」那時三歲的她們正是對數字有高度敏感的時期，一聽到大於一百的數字，眼睛立刻就亮了起來。

四歲的zozo手指頭曾經被車門夾傷，左手中指整個瘀血黑青，甚至面臨整片指甲剝落的慘劇！我心裡雖然心疼，看到黑指甲更是害怕，但還是故作鎮定，擔心zozo發現我的害怕而心生恐懼。

我們甚至還發起一個蒐集「手指夾傷」的活動，到處詢問四周的親朋好友，看看誰曾經因為手指受傷而掉過指甲。這麼做是要讓zozo放心，讓她知道很多人都經歷過同樣的事，可喜的是，那一次zozo表現得很勇敢，甚至覺得自己的黑指甲很特別。

忘記先生

三歲的zozo、yoyo已經會說很多話，常常有許多想法想和爸爸媽媽分享。急性子的yoyo，腦子裡想的總是比說的還要多很多，她好想把這些想法全都告訴大家，因此，心急的她常常忘了原本自己想說的話，於是生氣地大喊：「我忘記了啦！我忘記要說什麼了！」

我以輕鬆的口吻問她：「妳知道有一個人叫做『忘記先生』嗎？他會讓妳想說的話突然忘記了，忘記先生現在在妳身體裡嗎？」

又有一次，忘記先生跑到zozo的身體裡，讓zozo也忘了自己要說的事情。zozo很生氣地說：「妳看！我忘記了啦！」

我回應zozo：「妳忘記了嗎？是忘記先生跑到妳身體裡了嗎？他可能跑到妳的嘴巴裡或是肚子裡玩了。」

這下子勾起了姊妹倆的興致，原來這隱形的「忘記先生」常常喜歡來我們家搗亂，yoyo頑皮地說：「忘記先生跑到我的骨頭裡面玩了，哈哈哈！」

● 三歲八個月大的zozo畫「忘記先生」。

有一回，yoyo又忘記要說什麼，她生氣地嘟著嘴說：「忘記先生又來了！」我對yoyo說：「也許zozo會知道妳在想什麼，『忘記先生』把妳想說的事一起帶到zozo的身體裡了。zozo，妳知道yoyo剛剛要說什麼嗎？」

zozo調皮地說：「yoyo剛剛是說……啊！我忘記了，忘記先生跑來我的身體裡，我就忘記了，哈哈哈！」

我說：「忘記先生難道跑到爸爸身體裡了嗎？爸爸，你知道yoyo剛剛要說什麼嗎？」

爸爸說：「yoyo剛剛是說……啊！我忘記了，忘記先生跑到媽媽的身體裡了。」

我說：「我也忘記了，yoyo！妳記起來了嗎？」

我們全家人就這樣和忘記先生玩起捉迷藏。

我以這種詼諧有趣的方式，讓她們在面對一時忘記事情的窘境時，能將心中的懊惱減至最低。你家也常有忘記先生出沒吧?!我們家還曾經發起尋找忘記先生的活動呢！

● 五歲八個月的yoyo畫生氣哥哥。

生氣哥哥

除了「忘記先生」，在我們家還會出現「生氣哥哥」。常常容易火冒三丈的yoyo，總是為了一點小事情，氣得面紅耳赤，她似乎也被自己不受控制的壞脾氣所困擾著。

遇到yoyo生氣時，我會用擬人化的童話告訴她：「每個人心中都住著一個生氣哥哥，生氣哥哥有時大有時小，當妳不開心的時候，生氣哥哥會跑出身體，如果他跑出來可就糟了！因為生氣哥哥是個超級破壞王，他會讓我們的心情愈來愈不好，說話愈來愈大聲，說的話也愈來愈難聽，最後就很容易傷害到別人。生氣哥哥甚至會邀請身體裡的其他生氣夥伴一起出來做壞事，所以我們不能常常讓生氣哥哥出來。」

yoyo聽了我的描述，真的覺得心裡有個生氣哥哥，會攪亂她的情緒。

我建議這個愛生氣的yoyo：「假如妳真的生氣了，可以先離開現場，喝一口水，或是洗洗臉，因為熱烘烘的生氣哥哥最怕水了，如果我們喝一口水，他就會縮小一點，再喝一口水他就更小了，然後就跑不出來了。」

是個好消息

和脾氣大起大落的yoyo相比，zozo的個性就比較內斂，但她總是容易掉進情緒悲傷的漩渦當中。

我記得在zozo唸幼兒園大班時期，有一天放學我去接她，她笑嘻嘻地跑來找我，當我們親親又擁抱過後，她突然牽著我的手，認真地說：「媽媽，妳跟我來一個地方，我要告訴妳一個壞消息。」

我感到納悶，一開始笑嘻嘻的她，怎麼一轉身就變得一臉苦悶了呢?!

zozo帶我到一座黃色滑梯旁，她指著滑梯說：「今天早上，我從滑梯掉下來了。」我頓時嚇了一大跳！睜大眼睛仔細聆聽她接下來的話。

zozo說：「因為A同學擠B同學，B同學擠C同學，C同學擠到我，然後我就不小心從滑梯中間掉下來……」

我看到這段高度幾乎是一個小朋友的身高，然後再回想她剛才見到我的開心表情，於是我故作輕鬆狀地問：「哇！好危

險喔！大家怎麼沒有輪流溜滑梯，全部都擠在一起了，掉下來的時候一定很痛囉？妳有哭嗎？」

自信又愛撒嬌的zozo說：「我只哭一點點。」

然後，我對她說：「妳真是勇敢！對媽媽來說，這也是個好消息，因為我的zozo好勇敢，只哭一點點，而且還能邏輯性地分析給我聽呢！真是個好消息。」

這個容易製造悲傷情緒的zozo，聽到媽媽說是好消息，似乎轉而享受媽媽對她的讚賞，連續露出笑嘻嘻的笑容。

其實我很心疼，只是我明白zozo容易為一點事情鑽牛角尖，例如她可能會自己想像：被同學推下來，是因為同學不喜歡我……所以我用另一種方式來轉移她的負面情緒，讓她可以培養正面思考的能力。

一雙筷子

隨著孩子一天天的成長，手足間的競爭一天比一天強烈，左右姊妹彼此較勁的意味很濃，她們習慣的伎倆就是「打小報告」，或是趁爸爸媽媽不注意時做「小動作」，小動作就是互相偷偷踢一下、打一下，她們這樣小氣地，妳一言我一語地打小報告，總是讓我們夫妻倆氣呼呼的，於是我說了一個「一雙筷子」的故事：

「妳們就像是一支筷子，zozo筷子與yoyo筷子，本來zozo筷與yoyo筷是雙好筷子，就叫做『左右牌筷子』，妳們可以夾東西、吃飯，也可以用來吃麵，是天下無敵的好筷子。可是，這雙筷子因為偶爾互相夾到，就開始不喜歡對方，故意夾對方、欺負對方，這雙美麗的筷子很快地就變成破破爛爛的筷子。

「主人怕這雙他喜歡的筷子壞掉，只好把這雙筷子分開，zozo筷放一個櫃子，

左右愛／亂語

zozo在學校撞到遊樂器材，左眼窩下黑青又紅腫，我看了眼眶都紅了，她直說：「媽媽，不用擔心，那個時候老師已經處理了，妳心裡不要痛痛。」（5.5ys）

yoyo筷放一個櫃子，從此這雙無敵好筷子再也不能一起合作，因為一支筷子是沒辦法自己夾東西的，這雙筷子成了一雙沒有功用的筷子。」

那天晚上，左右姊妹聽得很入神，接下來幾天，彼此合作成為一雙好筷子。只不過，我的「筷子學」得在下次她們又鬥嘴時，重新拿出來溫習一次。

物盡其用

左右姊妹在洗澡時喜歡玩水，除了要讓洗澡變得好玩之外，一邊洗澡還可以一邊做家事，甚至學習到「物盡其用」的道理喔！

我放一個小臉盆給zozo、yoyo，要她們一邊洗澡、一邊把沖洗身體的水收集到臉盆裡，這個臉盆有著嬰兒沐浴乳的淡淡香味，然後，把換下的衣服及貼身小內褲放進臉盆裡，順便洗洗衣服呢！東搓搓、西搓搓，一邊洗澡，一邊洗衣服，洗好後把泡沫水倒掉。然後，我說：「寶貝，妳們知道『物盡其用』的意思嗎？媽媽要教妳們如何把這些泡沫水物盡其用。」

我讓zozo、yoyo腳下踩著菜瓜布，走一步刷一步，泡沫水可以用來搓洗衣服，還可以順便清洗浴室地板，真是物盡其用。接著還要沖洗衣服呢！這桶沖洗過衣服的水，可以再次將浴室潑洗乾淨。

嗯！今天的洗澡真有意義，洗澡、洗衣、搓地板，善用時間、善用資源，一切都是「物盡其用」。

寶貝，
你的感覺是什麼？

ABOUT CHILDREN

一、二、三、四、五，每一年的妳們

零歲的妳們

安安靜靜，是個小生命，妳們小小的手只會悠閒地在空中揮舞，好像抓著了空氣又放回空氣，柔弱的手指頭由不得自己，愈是如此，妳們愈是想抓住龐大身軀的媽媽，揮手、收手、放手、縮手……每一個動作都有著深深渴望的愛戀。

我看見妳們眼神中的柔情萬種，看見妳們想抓住世界的強烈動機，我得想想辦法，讓小小的指頭健康有力，因為我比任何人都還要希望，幼小的妳們可以抓住我的衣角，露出需要我的可憐模樣。

還記得妳們的眼神，靜靜地，情緒波動得很微弱，妳們望著媽媽，媽媽走到哪兒，妳們的眼神就會飄向那裡。

過了半歲後，妳們的身體突然十分有勁，好像已經認清現實，知道這個世界是怎麼一回事，開始能夠適應環境，開始舞動著雙腳，用力地蹬、用力地爬。

這兩個幼小卻充滿電力的身體，在好奇心的驅使下，開始做一些讓家人哭笑不得的好玩事，妳們會抽掉整包衛生紙，會敲打著所有可以發出聲音的玩意兒，可以不斷地為前方毫不起眼的小東西爬行前進，「不斷地往前爬」是那時妳們生存的重要守則。

一歲的妳們

笑容是美的、小手是可愛的、聲音是甜的、kiss是香的、動作是逗人的、表情是生動的……這時的妳們簡直是上天派來美化我們人生的小天使，妳們每一個動作都讓我好喜歡。我說一句，妳們就跟著說一句；我做一個動作，妳們就跟著做一個動作，今天學會一個新詞，明天學會走路，後天學會拿湯匙，大後天學會唱一首歌，每一天都有所進步……眼前的小小baby就像是小小的我，迷你版的我怎麼這麼可愛?!我幻想著自己一定是個全天下最優質的老師，而妳們就是全天下最聰明的寶貝學生。

每天、每個時刻，妳們會不停地喊著媽媽。一清早起床：「媽媽」，媽媽起身：「媽媽」，媽媽下樓：「媽媽」，遊戲時間：「媽媽」，媽媽在忙：「媽媽」，媽媽上廁所：「媽媽」，媽媽離開：「媽媽」，洗澡時間：「媽媽」，睡覺時間：「媽媽」……「媽媽」……「媽媽」……一直期待被妳們叫「媽媽」的我，心裡明白被清楚呼喊是最甜蜜的時刻，然而我卻不知道，它竟然比想像中更幸福、更甜、更蜜。

一歲的生活，日子是由妳們來作曲，生活也是由妳們來填詞，爸爸、媽媽呢？負責歌唱與逗趣，因為我們有兩個最忠實的觀眾。

兩歲的妳們

天使也有壞脾氣的時候。妳們厭倦了當好學生、小天使的模樣，發現自己可能是「自己」，而不是迷你版的媽媽或爸爸。妳們意識到自己的存在、自己的重要性與獨特性，所以毫不猶豫地丟出「不要」、「我不要」、「不要、不要」、「No」的言語炸彈來確立自己的存在，而這一轟炸，常常搞得家裡像是個流彈四射的戰場。

媽咪一開始不知道，以為小小的妳們已經不愛媽咪了，已經暴躁到難以溝通，我把妳們內心的交戰當成是挑戰媽咪的「壞行為」，幸好，後來我發現了這個小誤會，也開始幫助妳們度過難熬的兩歲時期。

那時我們一起跑步、踢球、加強運動量，開始大量的戶外活動，用這樣的動態活動轉移妳們的注意力，讓我們之間有了不同的相處模式，這是一種透過運動、流汗，集結快樂分子的相處模式。

我還記得，兩歲的妳們是個膽子不大的小孩兒，常常畏懼許多東西，可能是生物，像是狗、蛇、昆蟲、樹枝……也可能是不動的東西，像是古老時期的恐龍、牆上的裂縫……妳們害怕所有看起來怪怪的東西，或是無

● 五歲的自畫像。

法理解的東西，這些陌生的東西總是讓妳們神經兮兮、情緒失控，和妳們偶爾「小霸王」的模樣相比，還真是讓人哭笑不得。

三歲的妳們

度過複雜的兩歲，妳們好像成長許多，再度擁有天使般的溫和性格。

和從前相比最大的不同，應該就是「渴望友情」這件事了。每次外出，妳們的視線總是落在身高和妳們差不多的小朋友身上，妳們喜歡盯著公園裡嬉戲的小朋友，喜歡和表哥、表姊玩在一起，縱使不是很清楚遊戲規則，還是熱中於一群小孩的遊戲。妳們對於童音有著高度的注意力，只有CD裡小朋友的歌聲才能獲得妳們的認同；看見書裡小孩的照片，也會靜靜地觀賞。

一百公分高度的妳們，好像擁有吸引小朋友的魔力，只要有小朋友靠近，妳們就會彼此定格、觀察，然後自動解散，還不懂得如何進一步交往。

因為不懂得進一步行動，於是，妳們的小小心靈有著透明的、隱形的、別人看不到，只有自己看得到、隨傳隨到的「想像朋友」。想像朋友可以自在地交往，可以照妳們的方式訂定友情模式，妳們會用假手機呼叫他的到來，會幫他鋪陳所有人生事件，他的職業由妳們來決定，他的個性由妳們捏塑，他的喜

● 八個月大的zoyo。

● 一歲三個月的zoyo。

● 兩歲大的zoyo。

好妳們可以列單出來，他的人生似乎就是為妳們而存在。

我還記得，zozo的想像朋友是「樹也」，yoyo的想像朋友是「ＣＣ」，妳們有共同的想像朋友是當警察的「桶子」與「蓋子」，這些朋友我們統統都認識。

四歲的妳們

妳們不再胖嘟嘟，不再有著短短胖胖的雙腿，臉頰上的腮幫子好像「消氣了」一樣；妳們肺活量高漲，說話的音量多出好幾分貝……妳們不再看起來憨憨傻傻的，有時我甚至覺得妳們詭計多端，整體形象綜合一下，我發現妳們「不可愛」了！

「可愛」這個名詞已經無法用來形容四歲的小孩，取而代之的應該是「漂亮」或是「聰明」這類無法幼稚化的讚美詞，我開始懷念小小的妳們，那種說話含糊不清楚的稚嫩模樣已經不存在了。

突然成熟的妳們，最大的改變應該就是不再哭哭啼啼，妳們會運用腦子裡所有的詞彙，說出自己的需求，捍衛自己的想法，也會用盡所有溫柔的詞彙拉近我們之間的情感距離。

四歲的妳們求知慾旺盛，對於任何的知識都充滿興趣，妳們認識身體構造、國家與國旗、昆蟲與植物、兩性教育……妳們熱中於廚房樂事，喜歡唱歌、跳舞、運動，脫掉腳踏車上的輔助輪，改騎兩輪腳踏車；妳們也喜歡剪剪貼貼、沉迷於許許多多的勞作……等。四歲的生活是豐富的，四歲的妳們對於環境是敏感的，對於學習是充滿了熱情，所有關於世界的秘密，妳們似乎都想要揭開秘密箱，一窺究竟。

左右愛／亂語

yoyo告訴媽媽：「媽媽，讓妳照顧很舒服，謝謝妳這五年來的照顧。」（5.5ys）

五歲的妳們

不僅不是可愛的嬰兒樣，五歲的妳們甚至是伶牙俐嘴、鬼靈精怪的樣子，妳們懂得邏輯推理、舉一反三，懂得如何捍衛自己、與自己的姊妹大玩「語言遊戲」、互唱反調，沒有什麼事情可以難倒妳們，辯證思考與反抗都是正常的腦力運作。我和爸爸愈來愈小心「公平」這件事，因為五歲的妳們可以為一件小事，說我們不公平，可以因為這個小插曲與對方鬧彆扭。

除此之外，五歲的妳們生活能力已經增強許多，可以好好照料自己，自己洗澡、洗頭、剪指甲、綁頭髮、自己睡覺、自處玩樂、解決困難、閱讀圖書……等，好像前幾年的努力都在這一年當中看到成果。

妳們會照料自己也會照顧家人，知道什麼是爸爸、媽媽喜愛的事情，什麼事可以讓家人開心，如果有人生病，妳們也懂得如何照顧病人。

五歲的妳們似乎就是個小大人，而我面對這兩位小大人的態度，也要慢慢轉變成面對大朋友的樣子，我得更尊重妳們，給妳們更多思考的空間，還得改變自己的角色，因為除了「媽媽」之外，我們之間有更多的可能性。

學校生活的開始

左右寶貝在五歲的時候，開始進入幼兒園就讀，還記得入學的頭半年可真是折騰人啊！那時她們的情緒總是高潮迭起，讓我們的心情跟著七上八下。每天先生送她們上學回到家後，我總是不間斷地問一些簡單又乏味的問題：「有沒有哭？哭得慘不慘？」每回聽完先生陳述，就會深深感受到「思念總在分手後」這樣深刻又簡單的道理。

她們上學的前半年真是家裡的一大考驗，不僅是她們與父母相依為命、緊密相連的關係得做調整；連身為成人的我們，也得為自己「放不開孩子」的情懷做些割捨。

就某方面來說，孩子進入學校生活還真是一種極大的「處罰」。說是「處罰」或許有失公平性，學校是提供孩子成長進步的教育機構，父母感謝都來不及，怎能說是一種施刑的單位呢?!只是，我們沒有做錯事情，為何親子之間要被強迫分開呢？

說來，還不是為了「人生中總有悲歡離合」、「孩子總得學習獨立」這種宿命性的論言，身為父母的我們，得學習放開緊握的雙手，讓孩子學習獨立，學習自我要求、自我規劃，還得學習獨自承受人生中難以忍受的分離，並且讓孩子知道跌倒要如何撐起地面爬起來，以及如何在茫茫人海中，找到自己的立足點……這些畫面光想像就讓人鼻酸，小孩竟然要和成人一樣勇敢自主。

我能接受社會約定俗成的價值觀和「人生規劃」，只是，這種要求孩子獨立成長的規劃若提前在兩、三歲實行的話，我就無法認同。

那個才兩、三歲、剛學會騎四輪腳踏車、連跌倒都還會哇哇大哭的小朋友，還擁有放縱情緒、向人撒嬌討抱的特權；他們有許多事需要和爸爸媽媽一起親密完成；小小年紀的他們有許多美麗的人生風景，要和爸爸媽媽一起欣賞，這其中一點一滴的感動，都來自親子間的交流與呵護。所以，如果孩子非得要到教育機構學習，我認為在自己或是親人可以幫忙照顧孩子的前提下，等孩子五歲之後再開始進入幼兒園就讀也不遲。

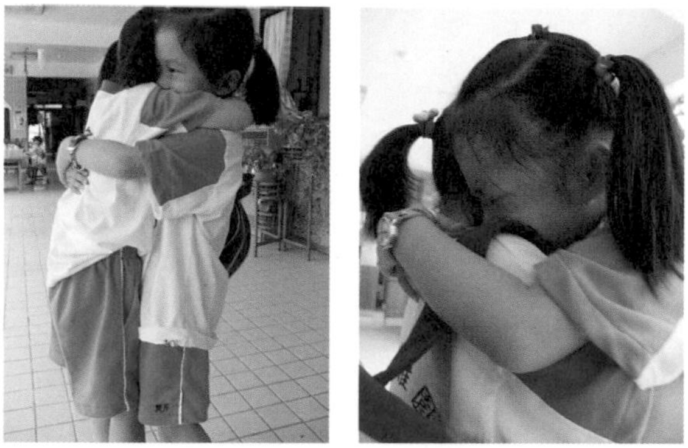

●第一天上學，兩姊妹抱著哭。

五歲以前，孩子在做些什麼？他們來到世上只有短短幾年，對於這個世界還有許多的不瞭解，他們有問不完的「為什麼」題庫，有太多無法解釋的問題，需要仰著頭問問爸爸和媽媽……他們有許多天馬行空的想像，需要父母的支持與掌聲鼓勵，還有更多對於愛永無止境的乞討，需要父母來滿足他。

在孩子五歲之前，我們絕對有百分百的義務，挽著他的手，一起探索世界的每一個小角落（當然五歲過後還是需要），而這些事由父母來做，勝過於學校老師帶領著數十位小朋友一起做；這些甜蜜話語由你來說，勝過學校制度化管理的口吻。

從出生一、兩歲到四、五歲的孩子，他們的腦子需要的是滿足、甜蜜、安全、快樂、放鬆、自在、受重視、鼓勵、遊戲……而這些感受可以從父母的溫柔陪伴中輕易取得，其他的學習與刺激也可以在孩子取得滿足快樂之後慢慢地進行。在我看來，這樣「一對一」的陪伴，比幼兒園「一對多」的陪伴，還要更貼近孩子的需求。

一旦孩子進入幼兒園、開始學習生活，一定得具備一些基本技能，這對孩子本身與老師都有幫助。父母可以在家裡提前訓練孩子一些生活常規，免得他到了學校手足無措，像是他得學習會自己穿衣、脫衣、扣鈕釦（如果會拉拉鍊更好）、穿鞋、穿襪、自己用餐、使用餐具（會剝水果，甚至會挑掉魚刺更好）、自己喝水（口渴時懂得自動喝水才是真正會喝水）、自己上廁所、穿脫褲子、如廁後擦拭屁股，重要的是，自己想上廁所時，懂得舉手告知老師，這些都是基本的生活技能。如果孩子具備這些基本的生活技能再進入校園，就比較不會害怕，或是心慌慌不知該如何是好。

左右姊妹上幼兒園半年後，學校開始放寒假。這段寒假假期，讓我們又回到從前的時光，早晨醒來看著她們的小臉，然後互相擁抱、彼此溫存，拉開窗簾和陽光互道早安，這種親密的日子是多麼令人陶醉！

我當然清楚這樣親子緊連的關係會佔據我們大人一些私人的時間，但對我而言，這樣的親子關係是「值回票價」，而且「一票難求」。

學校生活或多或少會剝奪了一些親密的親子時光，所以，如果你的孩子還沒上學，那就多多把握與他相處的甜蜜時光吧！

左右愛／亂語

zozo告訴全家人：「當我在學校想起你們三個人時，
我就好難過，於是就畫畫，畫你們三個人。」（5.10ys）

上學儀式：祝妳在家裡快樂、吃愛的行為

可能是和爸爸媽媽的關係太親密了，也或許是和爸爸媽媽從來沒分開過，我這樣提高自我價值地分析zozo、yoyo對父母的依戀。

我不怕別人笑，也不怕別人用異樣的眼光來觀看寶貝的「分離焦慮」：都已經上幼兒園一學期了，怎麼還沒停止哭泣，怎麼還有「我要媽媽，我需要爸爸」這種不離不棄的撒嬌呢？

孩子上學的前半年，我們家天天上演苦肉計，天天有分離千萬里的離情依依，尤其是和媽媽之間那條斷不了的隱形線，真是讓線兩端的她們與我都吃盡了苦頭。

每日的「離情依依」讓我們很苦惱，寶貝哭著進教室，我也哭著進車裡。

老公果斷又殘忍地分析著，問題好像就在我和她們之間的牽絆。

那該如何是好？

最終的結論是我最好待在家裡，把道別說掰掰的儀式往前調整，讓寶貝有更多的時間可以適應從家裡進入學校的氣氛。於是，我必須按捺住想親自送女兒上學的慾望，在家裡和女兒道別。

說也奇怪，在家裡和媽媽Say Goodbye，她們似乎就比較不會黏媽媽，只是要有一長串的「吃愛」儀式。

什麼是「吃愛」呢？首先，她們要和我緊緊相抱，密不透氣的擁抱，然後我得在她們的右手親一下、左手親一下，親完後，寶貝緊緊握住這分我給的愛，然後「狼吞虎嚥」地嚥下這團愛。

yoyo就像是吃下一大口美食一樣，嘴裡不斷咀嚼著，最後在她胸前撇畫兩邊，意味著打開心房，然後吃下這分愛，這就叫做「吃愛」。

這分「愛」的餐點通常都是yoyo點的，她非得在早餐過後來一客「愛之餐」，否則是無法從家裡順利進入校園的。

zozo可就理性多了！她和我緊緊相擁、互親臉頰，然後親親她嘴巴剛好的高度——我的肚臍處，就可以得到滿滿的滿足。此外，她會補說一句：「快點把我的愛吃下去！」

別以為這樣就結束了喔，我還得在她們下樓進車庫後，趕緊到陽台邊，等待和她們最後一次道別。

當車子駛出家門，她們姊妹倆會探出頭往二樓陽台望，並且大喊：「媽媽再見！媽媽祝妳在家裡快樂！媽媽下午見喔！媽媽，嗯啊（親親）……」

這兩個貼心又可愛的寶貝，就這樣隨著車子的離去，慢慢離開我的視線。

她們離家後，我總是失落地幫她們在陽台上種的小植物澆澆水，期望她們和小植物一樣快快長大，心裡還悠悠迴盪著她們的祝福：祝妳在家裡快樂。

到了學校，難道情況就好多了嗎？當然沒有！此時真正的重任才開始落到爸爸的肩上。爸爸陪著zozo把書包、水壺歸位，把所有應該在學校的情緒都歸位；zozo總是緩慢地換著學校室內鞋，似乎想拖延一點時間，掙得多一點和爸爸的親密時間。

另外一頭的yoyo亦是如此，學校的資料都繳交了，她還賴著爸爸不肯放手，非得到了爸爸真要離去的時刻，她才又開始強烈地要求「吃愛」，一樣需要爸爸親吻她的雙手，一樣大口大口地吃著愛，她吃下去的這分愛，足以支撐她在學校一整天。

最後，她掛著兩行淚水，壓抑著心中離別的痛楚，和爸爸說再見。

爸爸走了，yoyo還在後頭揮手，每隔幾步，爸爸再回頭，她還杵在那兒……再走幾步，還得回頭和她揮揮手；爸爸上了車，會拉下車窗和她揮揮手；等車子迴轉時，那小小一點的yoyo還站在原處，痴痴地望著爸爸。

這次，車子真的要開走了，「zozo、yoyo，上學加油！」爸爸的心揪在一塊。

這樣的情況一直到下學期才慢慢緩和，yoyo已經不需要「吃愛」了，她和媽媽親親、抱抱後，就開心地往二樓陽台大喊：「媽媽，祝妳在家裡快樂！」

到了學校後，她主動放下書包、水壺，還是像從前一樣故意拖延一下時間，想和爸爸多恩愛一會兒。但和從前不一樣的是，她也不需要「吃」爸爸的愛了，這下反而讓爸爸患得患失，害羞地問：「不用吃愛了喔？還要不要吃愛啊？這樣爸爸會不習慣耶。」看來，也許該吃愛的是爸爸和媽媽了。

左右愛／亂語

媽媽要yoyo去上學時要勇敢，yoyo卻難過地說：
「我就是沒辦法和媽媽的身體分開。」（5.1ys）

● 剛上學的yoyo常常透過畫畫，發洩自己不安的情緒。

ZOZO，妳為什麼喜歡上學？

左右姊妹開始進入幼兒園前，我常常疑問著，不知和媽媽黏了五年的她們去上學時，會充滿安全感而沒有哭泣？還是因為從未離開媽媽身邊，分離焦慮特別嚴重？結果兩種情形我都碰上了，特別黏媽媽的yoyo，總是在上學前上演著不想離開媽媽的苦情戲；反之，zozo卻滿心期待著上學。她總是說：「媽媽，我明天想要早一點去學校。」、「媽媽，妳可以晚一點再來接我嗎？」、「媽媽，我一點都不想請假」……親愛的zozo，為什麼妳這麼喜歡上學呢？

我像個偵探，非常小心且理性地歸納出zozo的「上學語錄」，一點一滴、一句一字地記錄下來，從記錄當中推敲zozo喜歡上學的主要原因。

1.zozo說：「老師說我今天很棒！所以她又叫我去拖地了。」

在zoyo的學校裡，只有很棒、表現很好的小孩才能去做像拖地這種大人做的工作，所以zozo覺得自己受到賞識，可以去做很棒的工作。

2.zozo說：「老師今天只叫我和××同學做蛋糕。」我很開心地回應她：「真的嗎？那老師一定很信任妳，才會叫妳做這種需要有很大耐心、還要很細心的工作。」

3.有個男同學在我放學接zozo時，突然告訴我：「zozo今天很棒喔！」什麼！連同學都主動說zozo很棒，zozo在蒐集「很棒」嗎？我反問這個男同學：「zozo為什麼很棒？」他回答：「因為她幫我做事。」

4.在教師節的卡片上，zozo寫給園長老師的話是：園長老師，謝謝您在我的善行小冊都有蓋「好棒」的印章，我會一直做很多好的善行。

5.一個女孩拖著另一個男孩，一早看見zozo便問她：「zozo，妳喜歡他（女孩比著男孩），還是喜歡我（女孩比著自己）？」上學不到兩個月的zozo必須殘忍地公佈自己所屬的族群，不知所措的zozo只好選擇了常常和她一起拖地的女孩，那個女孩也很棒！

6.zozo說：「老師說我今天很棒！所以拖完地後，給我擦乳液。」那真是太好了，我的zozo最喜歡擦香香的乳液了。

7.zozo說：「爸爸，你知道嗎？我都會主動去問值日生，要不要我幫忙？」我突然想起那個說zozo很棒的男孩，該不會那一天他是值日生？

8.zozo特別喜歡一個很會幫小朋友綁頭髮的老師，她說：「香香老師很會綁頭髮，她很棒！我也要和老師一樣很會綁頭髮。」然後zozo學會編麻花辮，她覺得自己很棒！

9.「媽媽，我今天很棒！我做了很多事，可以幫我擦一點乳液嗎？」

……

終於，我找出zozo為什麼喜歡去上學的原因，因為「很棒」這個獎勵太迷人了！讓zozo失心瘋地愛上這個可以取得「很棒」的地方。也就是說，「成就感」讓她覺得在這個團體裡很快樂，她需要的就是「成就感」與「鼓勵」，所以把這種輕而易舉的獎勵用在家裡，孩子一定也會失心瘋地愛上你。

以上，是我的細心觀察，我很滿意自己的發現，我真的很棒！zozo更棒！

左右愛／亂語

為了讓左右姊妹上學有安全感，
媽媽請朋友幫忙製作一條繡有她們的名字的幸運帶，
可以繫在手腕隨身攜帶。
媽媽說：「zozo，妳可以許一個願望，等幸運帶斷了之後，夢想會實現喔！」
zozo許願：「我希望（很認真地閉上眼睛喔）……我希望……
這一條幸運帶永遠不要斷（因為太喜歡了）！」
媽媽：「不是啦！zozo，幸運帶要斷，夢想才會成真啊，所以妳再重新許一個願望。」
zozo再次許願：「好！那我希望……我希望……幸運帶趕快斷掉。」（5.1ys）

● zozo很棒！可以做像拖地這種大人做的工作。

和雙胞胎戶外教學的痛苦

每次遇到學校舉辦戶外教學，真是令我又愛又恨！高興的是又可以乘機和孩子出去走走，與zozo、yoyo的同學互動一下；煩惱的是，不同班的她們，如果各自被老師帶開，我就得煩惱著該去哪一班呢？

還記得剛上幼兒園的她們，第一次參加學校的戶外教學，那時參觀了一間博物館。

當左右姊妹的班級分兩條路線各自帶開後，我就開始處在「媽媽不公平」的誤會當中。

如果我在zozo的班級，yoyo就大聲哭說：「媽媽只跟zozo在一起。」如果在yoyo的班級，zozo就喪氣地說：「為什麼和yoyo在一起這麼久？」那時真恨不得自己也是雙胞胎，可以變成兩個媽媽。經過那次可怕的經驗後，只要類似這樣的戶外教學，我幾乎都不參加了。

經過一個學期，學校為了慶祝兒童節，特別安排一場參觀動物園的戶外教學。我再次鼓起勇氣，幻想著她們可能稍微獨立一點了，可以讓媽媽自行安排時間，所以我就揹起自己的大背包，和孩子開開心心地逛動物園。

出發前和她們先說好，去程搭zozo蜻蜓班的巴士，回程搭yoyo螞蟻班的巴士。

這天天氣很熱，zozo、yoyo戴著帽子、揹著書包，書包裡有水壺和午餐。媽媽跟在身邊有一個好處，就是我可以偷偷幫她們擦防曬乳液，以及多拍攝一些照片，捕捉她們遊玩的畫面。

比起上學期的經驗，這次她們比較不會哭哭啼啼了，只是每回我換到另一個班級時，總會看見另一個在等待的寶貝紅著眼，痴痴地等我回來。我拍拍她的背，假裝不知情地說個笑話逗她開心，然後她就會忘記剛剛的等待，沉醉在和媽媽一起戶外教學的快樂當中。

當寶貝快樂得不得了時，就是我該換班的時候，我會說：「不知yoyo吃午餐了沒？她的水果在媽媽這裡，我拿去給她，好嗎？」或是「好像經過很久

了，媽媽去看一下zozo，不然她會哭哭。」就這樣，我必須走遍整座動物園，去尋找另一個班級。

這尋兒的過程中，烈日照得我汗流浹背，搞得我想像自己已變成大黑人，不過我依舊可以隨手拿起背包裡的防曬乳液補擦一下，或是看見可愛的動物，就拿起相機捕捉鏡頭……我就像是一個自己逛動物園的孤獨者，那些關在籠裡的動物一定覺得我這個人類真奇怪。

找到孩子時，我氣喘吁吁地說：「終於找到妳們了！剛剛媽媽看見一隻水牛泡在水裡……還看見一隻猴子單手吊樹枝……」用這樣短程路途中的奇遇來轉移她們失落的等待心情，還真有效！因為她們會接著問：「真的喔！好奇怪喔！水牛為什麼會這樣呢？」

幸好，學校沒有在正中午繼續行走，兩個班級在不同的涼亭裡吃午餐，我替左右姊妹準備了簡單的麵包、水果及運動飲料，還準備一個點心袋，裡頭有果凍和餅乾，zozo、yoyo還分給同學一起吃呢！學校老師安排得很周密，準備了大畫紙及畫筆，讓孩子看完動物後可以一起畫畫，大班同學畫底圖，中小班同學塗顏色，這個餐後的靜態活動真是太好了！我終於不用再繞動物園了，終於不用再和動物們面面相覷了。

回程的路上，小班的小朋友都在巴士上睡翻了，回到家後我也累得睡翻了，我告訴先生，今天逛了好久的動物園，整個動物園的路線都摸透了，下次叫我去參加動物園尋寶遊戲，鐵定大獲全勝啊！

左右愛／亂語

yoyo問：「媽媽，聖誕老公公是夜行性動物嗎？」（5.3ys）

大吵，小吵，小小吵

左右姊妹在幼兒園唸不同的班級，那是她們一天當中唯一分開的時間。每當她們情緒低落或是遇上傷心事時，就會主動到姊姊（妹妹）的班上，尋求短暫的安慰。

記得她們在大班下學期時，有一天放學，我到zozo的班上，準備接她下課，卻不見她的蹤影。老師和同學都和我一起找尋zozo，後來我們在yoyo的班上找到了她，情緒低落的zozo因為媽媽晚來接她，正紅著眼睛哭泣著，yoyo拿著面紙擦拭zozo的眼淚，還拍拍她的背，給予溫暖的安慰，這一幕讓我印象很深刻，原來她們姊妹之間是可以互相取暖的。

但別以為這樣情感深厚的雙胞胎姊妹，在家裡也是如此，她們不但沒有在外面彼此噓寒問暖的柔情，有時還多添了許多令人不解的吵架事件。我不知道是小人類比較不懂如何收拾情緒，還是她們生氣的理由太多元化？總覺得左右姊妹吵架鬥嘴的理由很「陽春」，就像是一碗四十元的陽春麵，裡頭什麼都沒有，只有豆芽和幾片肉絲而已。

若一早起床後，她們就開始上演爭吵戲碼，那麼今天肯定是「吵架日」，而我們夫妻倆就得開始無力地演出勸架戲碼。

我苦中作樂，仔細分析左右姊妹吵架的原因，應該可以分為三大種類，一是為

• 五歲五個月的yoyo畫自己和zozo吵架。

身體碰觸而吵，也就是說她不小心碰到我的手，但我覺得那是「打」我；或者是她從我身邊走過，腳不小心勾到我，但我覺得她在「踢」我……諸如此類，還有靠近我叫做「撞到我」、摸摸我叫做「用力打我」、看著我叫做「瞪我」等誇張的解讀手法，真是讓我們夫妻倆難以消受、難以解決。

因為身體的感覺很主觀，很難界定一個人的痛覺，所以只能盡量鼓勵她們提高寬宏大量的雅量，降低超敏感的觸覺感受度。

有一種吵是為了爭寵而吵，為了誰在爸爸媽媽心中最有分量，或是誰在媽媽面前最可愛、爸爸面前最有想法，這種爭寵之吵，常常在大人誇獎其中一人後，另一個就開始蠢蠢欲動她的爭吵計畫，準備和對方來一段因嫉妒而來的順口溜。

這樣的吵架常常讓我們夫妻在處理時格外小心，因為雙胞胎年齡一樣，互相比較、較勁的味道濃厚，爸爸媽媽需要多一點勸架技巧。不過最好在吵架之前，先打一針「愛的預防針」，稱讚她的同時，也要稱讚另一個她。

預防針當然不保證完全有效，就算是我們做得多麼地公平，她們還是覺得有那麼一點點不對勁。有一次，我參加了左右姊妹幼兒園的戶外教學，上車前yoyo突然尿急，在戶外很難找到廁所，於是我讓她蹲在大自然洗手間，不好意思地尿尿著。

已在巴士裡的zozo看到這一幕，以為媽媽只和yoyo一起研究大自然，所以哭喪著臉告訴我：「妳只在yoyo的班上。」像這樣因爭寵造成的誤會，實在是多得不勝枚舉。

最後，還有一種為吵架而吵架、為鬥嘴而鬥嘴的爭吵，吵架的理由更是讓人摸不著頭緒，「妳剛剛說什麼？怎麼不告訴我？」、「我沒有說什麼啊？」、「明明就有！」、「哪有啊！」、「我聽見妳對媽媽說……」，媽媽回答：「沒有啊！」、「就是有！」……姊妹倆就像是在參加辯論社一樣，為吵架而吵架，為反對而反對。這些理由總是讓人聽了火冒三丈，連勸架都無從勸起，很巧的是，這種吵架常常發生在密閉式空間，像是車子、房間裡。

記得一個冬日溫暖的假日，我們滿懷期待，準備和家人到動物園郊遊。那個早上，左右姊妹一起床就是個「吵架日」，好像三種類型的吵架都輪番上陣，在屢次勸架無用之後，我暗示她們，如果再做無謂的爭吵，恐怕會取消動物園之行。

她們並沒有多注意我的暗示（也許以為根本不可能），還是不停地放縱自己的情緒，於是我取消了這天動物園之行，理由是：「我怕妳們到動物園還會繼續吵，這樣會影響其他人出去玩的心情，所以我們不要去了。」

然後，我在她們面前打了幾通電話給家人，一一向家人婉拒這次的聚會。

那個早上，她們完全嚇到了！原來爭吵會讓家人這麼不舒服，兩人之間吵架要付出的代價這麼大。

還有一次，我們受不了兩個女兒多日來的爭吵，決定那一週與她們淡淡相處，不對她們有過度的關愛，我們做出沉默的抗議。

我記得那一週她們一起睡、一起洗澡、一起牽著手進校園，爭吵的頻率大大降低，或許那時候她們發現，非得一起組一支自衛隊才行啊！

朋友常問我：怎麼營造雙胞胎之間的情感呢？我的作法是灌輸孩子「生命共同體」的觀念，也就是說要讓她們覺得「她們是同一國的」，這和前面提到的「筷子學」，是一樣的意思。所以當孩子為了玩具展開爭奪大戰時，我會告訴她們彼此先溝通一下，如果溝通不良，媽媽才會介入，她們得學習如何說服對方或是妥協。如果依舊找不到平衡點，我通常就直接收起玩具，告訴她們：「一起玩才好玩，如果不一起分享、一起玩，如果溝通不好，是不適合一起分享玩具的，那就直接收起來，兩個人都沒得玩。想一想，妳們要玩兩種玩具，還是一種都玩不到？」用一種口訣簡言之，就是：「一起分享共同有，互相吵架都沒有。」

雖然我知道手足爭吵也是一種人際關係相處的練習，我也常常安慰自己或是告訴其他家長，「手足本是吵架的練習對象，不經一番吵架功，焉得友誼撲鼻香。」兄弟姊妹似乎得在家裡學習如何從原始的鬥嘴功，晉升到高級的溝通能力，人際溝通課程從小就在小家庭裡悄悄開課。雖是如此，在人際課程開課的同時，我還是希望左右姊妹知道，爭吵會讓其他人感到不舒服，與其動口吵架，倒不如動口練習溝通，這才能真正學習到提升人際關係的方法。

左右愛／亂語

yoyo問：「媽媽，為什麼妳有這麼多兄弟姊妹，我們卻沒有？」
我說：「除非媽媽多生幾個小孩。」yoyo又說：「那不用了。」（4.9ys）

小孩的打人事件

「那是我的、我的，不要拿！」、「才不是呢！是媽媽給我的，我先發現的！」、「媽媽說家裡的東西是大家的，不是妳的！」、「不能拿走，是媽媽說要給我的……」，然後，我看見一隻小手舉了起來，試圖做出打人的動作。

當我的眼神碰觸到她的打人動機的同時，她縮了一下，看著我，手並沒有完全縮回去，因為動手打人總在一瞬間，速度快得像火箭。

也許是因為同年齡的關係，左右姊妹常常鬥嘴吵架，語言就是她們最擅長的武器，有時說不過對方，動物的本性就會自動流露出來，為捍衛自己而攻擊他人。

我並不喜歡這種暴力行為，所以要求孩子停止暴力的行為，不可動手打人，就某方面來說，這是很不自然的制止行為。

那天，全家人在動物園裡，看見一隻大熊「欺負」一隻小熊。就人類的角度來看，那隻大熊正在打小熊呢！仔細再瞧瞧，那隻大熊有時打小熊，有時摸小熊，像是在教自己的孩子，如何在兇猛動物面前學習自我防衛。

動物家庭透過打架行為學習捍衛自己、保衛地盤，這種動物的本性在人類身上其實還存在，所以要小小人類完全不動粗是很勉強的法規。

只是，如果每個人都用武力來解決問題，不就白白浪費人類高於其他動物的智力。所以，我常以「只有笨的人才會用暴力解決問題，聰明的人會想辦法溝通」，來灌輸孩子不要打人的觀念。

如果孩子真的打人了，怎麼辦？

在嚴肅表情對待他之前，我們可能需要掃描一下現場，尋找可能讓孩子動手的原因。有些剛開始進入人際關係門檻的小小孩，總是不知道如何向別人示好，於是用了最原始「接觸」的方法。

他可能無法分辨「溫柔接觸」與「粗魯對待」的差別，常常把自己的善意搞成一種暴力的相識法，明明喜歡這個小朋友，卻「大力地」碰他，導致最後成了打人行為。如果是這樣，我們可不能全盤否定地說：「你為什麼打人？」而必須用另一種方式來解決他的困擾：「媽媽知道你喜歡他，但喜歡要輕輕地摸，不能用力地碰他，這樣別人會不舒服。」這種打人行為得有更多的同理心來轉移。

如果孩子真為了自己的不高興，打了別人呢？此時，我們嚴肅的表情要明確、

語言要堅定：「不可以動手喔，要用說的，不能用打的。」孩子有不懂的地方，如果不講個三、五十次，他是不會深刻記牢的，所以一而再、再而三，不厭其煩地告訴孩子，怎樣做才是合理的，怎樣做才不會傷害別人，這是目前我覺得最實在的作法。

手足間的爭吵

處理手足間的爭吵是一個惱人的過程，左右姊妹現在已經五、六歲了，平常在家裡還是會互相搶奪東西、搶媽媽、爭寵奪愛……這些事常常發生，只是她們比較不會使用武力去解決她們的問題。

手足間的爭吵是正常而且常見的，所以我把孩子的易怒、愛哭、受挫力低，看成是一種原生的人性。

我們不就是透過文化教養和學習，才懂得尊重別人、控制自我情緒、學會忍耐有勇氣。我們是大人，用了二、三十年的光陰來成長懂事，孩子當然也是需要啊！不過面對孩子的爭吵，我習慣讓她們先吵一回合，自己試著解決人際關係中的疑難雜症，她們總得學會如何調解與溝通，將來才能進入大團體，和更多人相處。

在子敏先生《小太陽》中的〈打架教育〉中提到：

我是不反對孩子打架的。我的意思是說，我不反對兄弟姊妹童年在家裡「自己打自己」；但是我絕對反對打別人家的孩子。如果有那樣的事情發生，我一定要制止。兄弟姊妹「自己打自己」，那是一種「教育」，相當有益的「打架教育」。要是跟別人家的孩子打架，那就是等於破壞了人群的和諧關係。

子敏先生的論點，就像是「動物本能論」一樣，從核心家庭裡學習防衛，而非在外頭攻擊他人。

在「家庭實驗所」中，難免還是會有溝通失敗的時候，因此，當孩子開始動粗時，大人恐怕就要有出面的心理準備。

手足間的爭吵雖然可以用較彈性的原則處理，但並不代表每一件事都可以用打架來處理，讓孩子學習溝通協調更為重要。

當然我還是建議父母，處理孩子的打架事件，最後一步驟需要和孩子有個「親子冷靜對話」，用同理心出發，讓他知道你明白他的感受，「我知道你的東西被搶走，心裡很不是滋味，媽媽也常常有這樣的感覺，只是動了手打人，不是讓東西回到身邊最好的方法，而是……」用這樣的同理心展開親子間的對話，孩子會知道縱使自己做錯事了，父母是很理性地處理並且知道我內心的感受，而非大發脾氣地處罰我一番。

手足間的打架事件本來就不好處理，想想小時候，你是不是也和自己的兄弟姊妹大玩「肢體遊戲」，那時你的父母是怎樣的表情呢？而你，又是希望你的父母如何處理你和手足間的打架事件呢？我想，答案總在你的心中。

一體兩面，是缺點也是優點

有天晚上，zozo在浴室裡被我臭罵了一頓。

這個動作老是很慢的「慢女士」，不管在吃飯、做事上總是容易恍神，或是慢到讓大家都得在一旁等著她。整個寒假期間，她又是如此，每一餐幾乎都得讓大家等著。

我忍耐許久，看見她早早就進入浴室洗澡，十分鐘後她的身體還是乾的，毛巾拿在手上，上頭擠了滿滿的沐浴乳。

除了「慢條斯理」這件惱人的事之外，我也多次告訴孩子不要浪費物品，看見zozo毛巾上擠滿了沐浴乳，還真是讓我惱火，於是大罵了她一頓。

這個小女孩的心裡其實是害怕的，眼神中透露出歉意與膽怯，她痴痴地看著我，一滴眼淚也沒掉下來……我想，她的勇敢是我比不上的，她比任何人都還能忍住悲傷的情緒。

走出浴室後，她非常快速地穿好衣服，大概瞭解到此時不能再動作慢，她把「難過」的心情壓得緊緊的，喘不過氣來時就趴在床上調適。

我在一旁吹頭髮，看見小小年紀的她正為自己起伏的情緒做調整，心裡也很心疼。然後她把身體轉向我，用小手摀住眼睛，悄悄地分開食指與中指，用這小小細細的指縫偷偷瞄了我一眼。

有時怕我沒注意到她，一隻腳還故意勾著我的腿，我知道，我的小孩正在索愛，在她最愛的媽媽面前提出「愛的邀請」，這是我和她之間獨有的密碼。

我請爸爸先把yoyo帶開，房裡只剩下我和zozo，此時她的身體已側向另一邊，好像戀人之間的冷戰。我臥躺在床上，看著她：「zozo，妳知道妳和媽媽很像嗎？」她點著頭。

「我小時候遇到難過的事，就會像妳這樣，絕不掉眼淚。」我又說：「小時候，我的奶奶總是說我的個性很不好，她常常可以說出我一百個壞地方，我差點以為自己是很差的人。那時的大人不習慣對小孩說鼓勵的話，只會用打罵的方法，古怪脾氣的我聽到別人說我不好時，就故意表現得愈不好。」zozo很認真地聽著我的過去。

● 三歲半的zozo畫了一隻蟲叫做「急急蟲」，因為牠總是很急很急。

「妳呢？妳沒有一百個不好的地方，但妳有一個不太好的地方，就是妳的動作太慢，假如不好的地方是黑點，好的地方是白點，那麼妳幾乎全都是白的，那一個黑點呢？它其實也不見得是黑的，有的時候它可能是白色的。」

zozo像是聽故事一樣，仔細聆聽我的話。

「當妳在大家趕時間的時候動作慢，讓所有的人等著妳時，那麼這個動作慢就是個黑點，因為妳讓大家等待，這是很不禮貌的。如果是放假日，大家輕輕鬆鬆的，妳的慢動作、細嚼慢嚥吃飯就成了一種優雅的白點，所以在一百個白點中，會多增加這個優點……媽媽希望妳懂得看狀況，不能因為自己而耽誤別人，不能因為慢動作而影響上學的時間，這些是妳要調整的。」

zozo好像瞭解媽媽所要表達的意思，她點點頭，小小的下巴抽動著。我的話還沒劃下句點，「媽媽還要告訴妳，妳的黑點不會影響媽媽對妳的愛，我只會盡量幫助妳，讓頑皮的黑點變成純淨的白色點。」

她的眼眶泛著淚，是索愛成功帶來的激動。

「對不起！媽媽剛剛對妳太兇了，下次我會注意的。」

激動的她抱著我，眼裡不斷地湧出淚水。這次，她真的哭了，哇哇不停地哭了。

在對著zozo臭罵的前半段，我像是被情緒這個大惡魔蒙住雙眼、屏住耳鼻似的，整個身體只剩下一張嘴可以發洩情緒。我肆無忌憚地讓嚴厲的字句從嘴裡快速吐出，完全沒有過關臨檢的手續，這個衝動的行為讓我感到罪惡極了！心中充滿著歉意。除了對孩子的大聲咆哮，我也自責自己的沉不住氣，讓情緒惡魔掌控了整個局勢。

我冷靜分析自己與孩子之間的對立，幸好，理性派的zozo也開始懂得溫柔地索愛，沒有因為我的叫罵而丟下冷戰的決戰書。

左右愛／亂語

爸爸和媽媽在商量事情，
媽媽向爸爸撒嬌地說：「好啊！你要做什麼都可以。」
突然後座的zozo說：「但不可以做不好的事情。」（5.2ys）

當我告訴她缺點可能是優點時，似乎也在告訴自己，把孩子的缺點縮小看待，想想缺點也是優點的可能性。我啊！也有許多黑點，而且在一小時前才釋放一個小黑點出去呢！

勇氣無敵？還是省錢重要？她們的「高空彈跳床」經驗

ZOZO說：「媽媽，我想要玩那個！」手指比著遠方的高空彈跳床。

我說：「不要啦，那個一定很貴！」完全沒有討論的空間。

然後，左右姊妹巴望著遠處那個把人彈上彈下的彈跳床，眼神跟著半空中的飛人上上下下，完全失神的樣子。

我呢？只是用斜眼看著那個遊戲器材，一點都不感興趣。真糟！我不小心看見她們的眼神，失望的眼神再搭上一張像是掛著千金重豬肉的嘟嘴巴，每次「失落」一遇上了她們，我就有點不知所措。

「那真的很貴啦，不然媽媽去問一下，妳們就知道了。」

當我帶著她們去服務櫃台準備詢問時，她們竟然有一種快要得逞的竊喜。我心裡暗自警惕著自己，可別因為她們的無辜模樣而投降，破壞了先前理性的決定。

「老闆，請問這個彈跳遊戲怎麼算錢啊？」

老闆熱情地回答：「三分鐘一百五十元。」

我的天啊！比我想像中的價錢貴一倍！心中的計算機馬上滴滴答答地開始計算：三分鐘一百五十元，那麼一分鐘五十元，也就是說，幾乎是一秒鐘一塊錢，這對我來說，簡直是高級遊戲的價錢……不行！不行！我怎麼可以做這麼沒有「節省」觀念的花費呢！

「妳們看，短短三分鐘就要一百五十元耶，好貴喔。」

她們好像知道真的太貴了，頭也不抬，不敢再奢望。

當然她們的慾望並沒有中止，雖然知道這是不可能的請求，但依舊念念不忘痴痴地望著彈跳床。

我得想想其他辦法澆熄一下她們的火熱慾望。「妳們看，那個彈跳床幾乎都是大人在玩耶，正在玩的那個阿姨，她的表情好害怕喔！彈跳床一定太刺激，搞不好妳

們會很害怕！」

她們還是默默地盯著，yoyo的臭臉漸漸成形，而且愈來愈臭臉……幾乎要像臭鼬一樣，散發一種不好接近的氣味。

「妳們會怕嗎？如果飛這麼高，會怕嗎？」

zozo馬上搶著說：「我不怕！我很想試看看。」

yoyo也答腔：「我很想飛上天，我想知道那種感覺。」

我想起了yoyo的五歲生日願望，那個希望飛上天的童話願望，曾經得到我的讚賞。

「我很想試看看」，zozo的這句話讓我想了很久，什麼時候我也曾經有過這種感覺？很想嘗試去做一件事，卻被大人阻擾；很想體驗每一種感覺，卻被冷冷拖在後頭不准去做；很想親自感受某種滋味，卻被強制規定不可以。因為大人的感覺就是一切的準則，大人的決定中有很多不可理喻，也有一些無厘頭的莫名其妙。想想，自己也變成了大人，我是不是也像當年印象中阻止著我做任何事的奇怪大人呢？

我自己喜歡彈跳床嗎？不！我一點都不喜歡，而且我很害怕，我絕對不會踏上彈跳床，縱使它是年終大贈送，買一秒送一秒，我也不可能勉強自己去做，因為「那個彈跳床很刺激，一定很恐怖。」我突然發現了自己脫口而出的心裡話，我膽小地認為我的孩子一定會和我一樣害怕，然後把這種感覺灌注在她們身上，不准她們踏上那個看起來很危險的遊戲，當然，最重要的是花費很昂貴。

在紀伯倫（Kahlil Gibran）的《先知》（The Prophet），〈孩子篇〉中說到：

他們經你而生，卻不是你所造主，

左右愛／亂語

生病的yoyo，在夜晚哭著說：
「我沒有勇敢的力量……」（4.9ys）

雖然他們與你同在，卻不屬於你。
你可以給他們你的愛，卻非你的思想。
因為他們有他們自己的思想。

身為母親的我，到底可不可以用自己的感覺，去衡量孩子的想法呢？我可以用自身的經驗去建議孩子，但不表示我的經驗就是孩子的感覺，讓她們體驗這種飛上天的滋味，又未嘗不可？用一百五十元換來她們對「飛翔」與「高度」的好奇與渴望；用一百五十元鼓勵她們勇敢嘗試，我也覺得很值得。但快樂之餘，我要讓孩子知道使用金錢的適當性，讓她們知道天下沒有白吃的午餐。於是，我們協調用她們即將集點成功的兩次善行禮物，來交換這個高空彈跳的經驗。嗯！達成協議，她們笑哈哈地準備排隊玩彈跳床了。

看見她們被扣上安全帶，被高高地拋在天空上，我既害怕又心生佩服！媽媽可不敢玩這麼刺激的遊戲，她們勇氣十足地踏上這個擂台，應該是既期待又害怕吧?!遊戲結束後，她們的臉上都有著驚慌失措的表情，但隨即又轉變成開心快樂的樣子，「媽媽，飛上天的時候，原來是肚子會癢癢的。」可愛的yoyo這樣形容著。

幸好，我花了一百五十元，讓她們嘗試了這個彈跳床，讓她們見證自己五歲的勇敢行為，在她們自信的臉龐上，我好像發現從前那個膽怯的我也變勇敢了！最棒的是我還省下兩次集點滿分禮物，我啊！還真是個省錢媽媽。

臉皮薄，不敢認錯的小孩

二〇一〇年春天，左右姊妹五歲八個月，我們和姊姊一家四口，一共八個人到澎湖旅行。

她們姊妹倆期待這次家族旅行已經到了無法自拔的地步，每天都幻想著和兩位表哥一起在海邊玩沙子，踏踏海水，也想像著和表哥在旅館裡玩枕頭大戰，她們和兩位表哥之間有深厚的感情基礎，這是我們大人都看得出來的小小手足情。

我的外甥自皓從小就是個貼心的孩子，在zozo、yoyo九個月大的時候，自皓就會細心地照顧這兩個表妹。我依稀記得當時六歲的他，持著小小湯匙，小心翼翼地餵著妹妹吃東西的專心表情；那時他甚至還在zozo、yoyo吃飽後，唸故事書給她們聽，他一個字一個字慢慢地唸，體貼的緩慢口吻讓人很感動。

現在的他是十一歲大的大哥哥，這幾年來他對兩位妹妹的照顧貼心又細膩，zoyo在他身邊，我很放心。

也許是對哥哥有一分信賴感和百般的喜愛，左右姊妹在哥哥面前總是表現得很放鬆、很賴皮，哥哥也不計較妹妹犯的錯，有這樣的哥哥，還真是一種幸福。

澎湖的民宿旅館前院有一座溜滑梯，抵達旅館時，小朋友看了都好興奮！一窩瘋地跑向滑梯，上上下下地玩著這座海邊的溜滑梯。

yoyo開心地拿出自己的麋鹿玩偶豆豆，想像自己和豆豆一起玩樂。

小表哥崇恕看見了，他發現zozo沒有玩偶陪伴，還貼心地跑來找我：「阿姨，妹妹的小熊呢？我要拿去給她玩。」崇恕知道zozo一定也期待自己能和小熊玩得很開心，他這樣同理心的舉動，讓我印象很深刻。

哥哥帶來了小白熊讓zozo高興極了，臉上洋溢著幸福的表情。當她開心地拿著小熊上上下下溜滑梯時，一不小心，小熊掉落在地上，恰好落在一攤未乾的雨水上。zozo著急了，兩位哥哥也跟著著急！他們四人同時擁向小白熊，yoyo想慰問小白熊，zozo想心疼自己的小白熊，兩位哥哥想得比較務實一些，他們想把小白熊弄乾。

這一個混亂的場面，讓心愛小熊濕掉的zozo更加混亂，整個心情起伏不定，她以為哥哥要和她搶小熊，大聲地罵哥哥：「不要拿我的小熊，那是我的，不要弄！」面對這突如其來的狀況，zozo亂了陣腳，只是，就算心頭一團混亂，也不應該用斥責的

●左右姊妹從小就和兩位表哥很要好。

●zozo給哥哥的道歉信。

口吻責怪哥哥。而且，她的態度的確是無理許多，讓平時疼她的自皓氣呼呼地說：「不要理她好了！」

我們極力地向zozo解釋，哥哥只是想救小熊，她不應該這麼不禮貌地罵哥哥，zozo不敢吭聲……我想她應該是後悔了。我瞭解zozo的個性，她有一種臉皮特薄的特質，就算是做錯事，也不想（不太敢）認錯，要她低著頭去向別人道歉真是一件折騰的擾人事。只是，如果因為臉皮薄就原諒自己犯的過錯，對我來說更添錯誤，zozo終究得學習自己做錯事，就要勇於認錯。

「zozo，哥哥那麼疼妳，小時候照顧妳，一直到現在，每件事都讓著妳，妳應該知道哥哥對妳的好。這麼愛妳的哥哥被妳誤會，甚至被妳不禮貌地罵，如果是妳，心裡一定很不好受，妳一定要向哥哥道歉。」臉皮薄的zozo雖然聽懂了爸爸媽媽的勸解，但她依舊沒有勇氣面對哥哥。

旅行中，我刻意製造機會讓她可以私下對哥哥說聲抱歉，只是她的道歉都只是：「哥哥，對不起！那一天……」然後支支吾吾說不上來，縱使我已經教過她如何說抱歉的內容。

就這樣，三天的旅行結束了！就算是最後一刻和哥哥擁抱互道再見時，zozo還是沒有說出應該說的抱歉話語。

回到家後，我並不想讓這件事就這樣過去，我用雙手比出一段距離，對著zozo說：「做錯事情就像是妳犯這樣大的錯，如果勇於認錯，這個錯會愈縮愈小。」我將兩手之間的距離縮短，「但如果不願意道歉，錯誤會愈來愈大。」我把這兩手之間的

左右愛／亂語

zozo說：「我心裡的感覺和身體的感覺都不太一樣。」（5.3ys）

距離再次拉大。

我希望zozo能夠記得這樣的道理，也彈性地讓她選擇含蓄的道歉方式，讓自己的臉皮薄有和緩的方式搭配，用畫圖的方式解釋自己的錯誤，在道歉卡片裡真誠地對哥哥說聲抱歉。

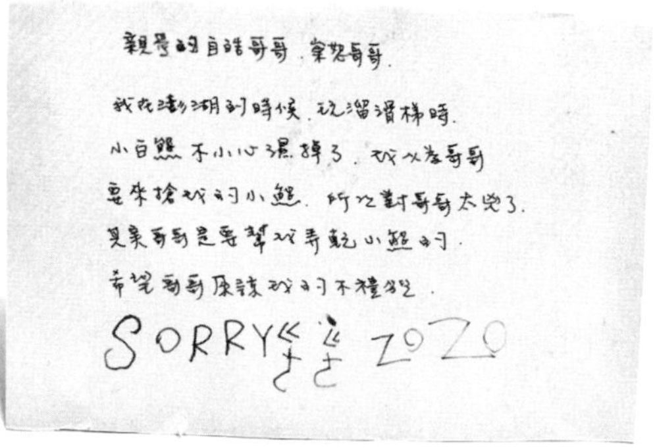

親愛的自皓哥哥、崇恕哥哥

我在澎湖的時候，玩溜滑梯時，小白熊不小心濕掉了，

我以為哥哥要來搶我的小熊，所以對哥哥太兇了，

其實哥哥是要幫我弄乾小熊的，

希望哥哥原諒我的不禮貌。

SORRY，ㄍㄜ・ㄍㄜ

zozo

這是zozo最真誠的道歉，透過郵寄的信件，期望哥哥原諒她。

謝謝兩位哥哥對妹妹無條件的體諒。

媽媽永遠都是香的

左右姊妹從小和我緊緊相黏，有時候依賴我的程度實在讓人難以想像；她們不離開我，不是因為她們是個不獨立的小孩，而是心裡對媽媽的信賴與依賴特別深。

在她們面前，我還是第一次感覺到自己是個女王；在她們心中，媽媽說的話永遠都是對的，媽媽講的話都是聖旨，媽媽做的都是好事……雖然有一股被愛戴的虛榮感，但不免特別小心自己的一言一行，因為我的一舉一動、所有想法就是她們的指標。

兩個女孩「盲目」愛媽媽，到什麼程度呢？

有時我咳聲嘆氣：「哇，最近又胖了。」

姊妹搶著說：「哪有啊！媽媽哪有胖？媽媽最瘦了，媽媽最漂亮了！」語氣完全是一個比情人還甜蜜的愛人。

我全身汗流浹背，叮嚀地說：「先不要抱媽媽，媽媽身上很臭喔！」

姊妹說：「怎麼會臭?!媽媽的汗是香的，我最喜歡媽媽的汗了。」接著猛親我的身體，完全盲目地愛著媽媽的一切。

媽媽不小心受傷了，自己嘀咕地說：「好笨喔！怎麼又受傷了，痛死人了！」

姊妹倆露出世界即將末日的眼神說：「媽媽，妳不會笨！妳還痛不痛？媽媽下次要小心點，不然我的心會痛。」

●左右姊妹常常強吻媽媽。

如果她們受傷了，會大喊著：「媽媽！媽媽！我需要媽媽，我只要媽媽。」然後我只要輕輕地呼呼她受傷的地方，她們就會像抹上萬靈藥一樣，馬上不痛不疼了。

每次一聽到這些愛的言語，就覺得上天實在太眷顧我了，讓我嚐到人生最甜美的果實。

左右姊妹的視線裡永遠都只有我，她們可以穿越其他人，遠遠地只看著我，眼裡容不下任何人。

有一回，zozo為了得到媽媽的肯定，她的眼神穿越許多人，遠遠地定在那裡，對著我笑。我記得那抹求愛的微笑，模糊一旁所有的人，她把焦點清楚地定格在媽媽的身上。

她們每次做好事的鼓勵，常常懇求得到的最高獎賞就是可以擦媽媽的乳液，或是穿媽媽的襪子去上學，甚至是穿媽媽的睡衣一整晚……也就是因為這樣濃烈的愛，讓我常常神經質地問先生：「zozo、yoyo最近是不是比較不愛我了？以後會不會就不像小時候那樣愛我？」

我的先生總是很有耐心地安撫我：「哪有啊！她們最愛妳了，妳是她們的女神耶，愛是不會改變的。」當我享受來自女兒滿滿的愛時，先生應該要很吃味才是，可是他卻是個客觀大方的爸爸，他常說：「小孩就是要愛媽媽，媽媽最重要。」

當他這樣告訴我時，好像惠賜我一張ＶＩＰ貴賓卡似的，我可以無限期享受女兒的愛。

左右姊妹愛爸爸的方式恰好相反，她們會有一種故意捉弄爸爸的調皮行為。

爸爸要抱她們時，她們就故意說：「爸爸好臭喔！」（明明就沒有）。

爸爸要親zozo、yoyo，她們就說：「爸爸的鬍鬚好刺喔，我不要抱。」然後故意做出掙脫的樣子。

爸爸做什麼事，她們都說爸爸好好笑，她們用這些不太禮貌的搞怪行為，來提升媽媽的等級。雖然我覺得先生好無辜，但也覺得他們父女之間的相處模式很幽默，這些平凡的互動就是我們這個小家庭的生活樂趣。

不過，別以為爸爸被zozo、yoyo排於門外，貼心的她們有時會告訴我：「媽媽，我最近會多抱爸爸一點，不是因為我不愛妳喔！而是我偶爾也要愛爸爸一下。」或是「爸爸是我們家最辛苦的人，他要多吃一點飯。」

在她們心中，媽媽永遠都是香香的，所以媽媽的話她們願意聆聽，不敢違背媽媽交代要做的事；生氣哭泣時，她們想要透過抱媽媽，來撫平自己的情緒；被媽媽處罰過後，她們仍然伸出雙手向媽媽索愛；媽媽的稱讚會讓她們飛上天，媽媽愛吃的、愛穿的、愛用的，她們都要吃一點、穿一點、用一點。

還記得有一回，她們姊妹倆手牽手跑到我面前問著我：「媽媽，我們今天表現好嗎？」我說：「很好啊！」然後她們高興地手舞足蹈，大聲地說：「媽媽說我們今天表現好耶～」

我突然明白「香香媽媽」背後所代表的意義，就是媽媽是她們一切行為磨練的開始，媽媽的角色很重要，媽媽的一言一行影響著她們的日後發展。孩子受傷時，身為媽媽的妳是必備藥品ＯＫ繃；孩子開心時，妳是歡樂的彩色氣球；孩子受寒不舒服時，妳是她們保暖的棉襖厚外套，孩子成長的點點滴滴，都是來自於妳身上這股香味所帶來的安全感。

就算知道責任重大，但我還是要繼續當個「香香媽媽」，希望這股愛的香味可以永遠陪伴著她們。

左右愛／亂語

yoyo作惡夢，哭著抱媽媽，我問她作了什麼惡夢？
她說：「我夢見媽媽變豬豬了。」（5.10ys）

當孩子拿起相機，在孩子面前的你

相機是我們家的小型家具、生活必需品，更是記錄生活的機器日記。我們可以不需要太多美食饗宴、太多華麗衣裳，但一定要有一台相機，沒有相機的日子是很沒有安全感的，就像是沒穿衣服一樣令人難受。

從和先生談戀愛開始，我們就隨身攜帶相機，十幾年來拍過的相片幾乎無法計算，我常誇張地告訴他：「如果家裡火災了，我第一個救相片本。」因為相片攜帶著故事，代表著過去回憶，讓我丟也不敢丟。

結婚前我就開始喜歡拍照，主要是受到先生的影響，還記得當時人在柏林的他，讓我一個人獨自認識他在台灣最好的朋友，當我們見面的那一刻開始，我就是個行動模特兒，一動一靜之間都有相機喀嚓聲陪伴，他們倒不是專研攝影技術，只是單純喜歡影像紀錄。這種風潮隨著婚約進入我的人生，我也漸漸開始喜歡照相，喜歡為生命的美好與不美麗都留下紀錄。

我有一個對環境敏感的先生，在他按下快門之前，影像早在他腦海裡盤旋一周，他可以細膩地感受到此時、此刻、此處，該有什麼樣的畫面伴隨才是最動人的畫作。這樣的敏銳力，來自他無時無刻和環境的靜靜對峙。

我很幸運，可以在他的影像盒子裡獲得較生動美好的影像，zozo、yoyo也是，因為爸爸的紀錄，她們保留住小時候可愛的照片、生動的面容，以及搞怪的個性照。

有了孩子之後，我們擁有第一台數位相機，數位相機真是個成就愛拍照的人的好玩意兒，沒有底片成本考量，讓我們幾乎無所不拍。

當大人拿起相機的那一刻開始，孩子或許已經開始注意到這個「玩具」了，現在的孩子比起從前更容易接受到大量的資訊，他們知道數位產品中「回到上一頁」、「刪除」、「Enter」的意思，也知道「預覽畫面」、「小花焦點模式」及「丟入垃圾桶」的含意；要孩子接觸相機似乎比瞭解電冰箱還容易，那些常常操作的介面和觸碰式按鍵一樣平常，他們遲早想主宰這個黑盒子。當孩子說：「爸爸，我也要拿相機拍照」時，這就是他們開始進入攝影世界的通關密碼。

● 小朋友最喜歡拍自己的腳。

成人總是習慣保留一點自己的姿態，希望在大眾面前有一款自認為滿意的樣子。遇上拍照時，我們就非常熟練地把鏡子面前的自己呈現出來，那種既定的微笑與姿態，就是自己預設的樣子；不管是淺淺的笑，或是略顯嚴肅的表情，可愛或是不可愛的表情，都是自己預設的樣子。

如果在你眼前的是一個小小攝影師呢？他的身形比你矮小，可能拍不到你的頭；他的手部撐不起相機的重量，可能會把你拍得亂七八糟又失焦；他的小手總是動來動去，所以你的樣子可能會是朦朧的一片雲。

不管這個小小攝影師如何不專業與欠缺經驗，成人似乎都能諒解，因為我們接受他的「做事態度」及「工作熱忱」，就算是他拍出來的作品一團亂，還是願意說出「好棒喔！」這樣真心的讚美。

再想想，那個站在孩子面前的你不同於往常的樣子：你可能會放下嚴肅的表情，會把自己淺淺的笑容誇大一點；你的瞳孔比裝上瞳孔放大片還要有效果；你的臉部表情變得很可愛、很迷人，所有元素加一加，你至少減少個五歲，因為你希望小小攝影師喜歡你，在他面前沒有戒心、沒有防備，所以拍出來的影像中，你也有孩童一般天真無邪的影子，這就是孩子與生俱來的能力，不用練習，就能抓住大人返老還童的經典表情。

我常打開自己的相片資料庫，一張一張地揪出孩子拍攝大人的樣子，以及左右姊妹的獨特攝影作品。她們的作品有些是天，有些是地，有些看不出是什麼，有些只是她腳下的世界（小孩拍照不往前拍，喜歡往下拍）……她們拍的人像，有些是歪的，有些是模糊的，有的沒有上半身，有的只有右半部，但只要出現大人的臉孔，這些大人都顯得好可愛，就孩子的角度來看，鏡頭前的我們的確不太一樣呢！

你不妨也打開自己的相片資料庫，看看站在孩子面前的你，是多麼地可愛！

左右愛／亂語

媽媽要yoyo深深地看著爸爸，媽媽說：「要看到爸爸的心裡面喔～」
yoyo卻說：「我只能看到肺而已。」（5.5ys）

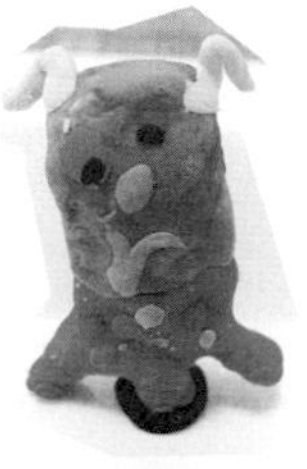

● zozo用相機記錄自己的幼稚園畢業典禮。

生病帶來的「公德心」包袱

希望寶貝「健健康康不生病、快快長大」，這是每個爸爸、媽媽心中最簡單、最踏實的願望。身體健康比什麼都重要，可是偏偏身體健康是很難掌握的，每個孩子平均半年（甚至更短時間）就會來一次傷風感冒，這一發燒，不僅打亂了全家人的作息，也刺痛了爸爸、媽媽那顆疼惜寶貝的心。

每次一遇上左右姊妹生病，我就很希望她們別再傳染給其他人，在照顧她們的同時，總會想到其他父母若遇上寶貝生病，一定和我現在一樣苦不堪言。所以我會儘可能地把生病中的zozo、yoyo「軟禁」在家裡，陪她們一起度過生病期間，有時逼不得已得出門時，我就會要求她們口罩一定得戴起來，杜絕所有可能偷溜出來透透氣的細菌蟲作怪。

「媽媽，我戴口罩不舒服，我不要戴。」姊妹倆常常會有這樣的反應。

「可是如果妳不戴，可能會傳染給其他小朋友，除非妳不出門。」我努力協調中。

「媽媽，我真的很不舒服，我不要戴啦。」

「寶貝，妳會照顧自己，也要懂得保護別人。」

孩子總是搞不清楚，為什麼得讓自己不舒服，去換得不認識的人的健康？我很難告訴她們這樣做對自己有什麼好處，但我告訴她們，如果大家都存有一顆善良的公德心，對這個社會是有很大的幫助。

左右姊妹近六歲的那年夏天，得到了腸病毒。一開始zozo先莫名其妙地發了好幾天的高燒，而且口腔裡破了好幾個洞，每次一進食，她就痛苦地哇哇大叫，我們看在眼裡，痛在心裡。

● 生病的她們在家裡總是喜歡畫畫，畫自己的病痛與在家做的事，這是四歲兩個月的yoyo嘴巴破洞，她們姊妹倆一起畫yoyo。

除了發燒及口腔破洞外，zozo幾乎沒有任何生病的徵兆，不會全身無力，食慾也不受影響，甚至還可以活蹦亂跳，如果不是因為看了醫生，是不會發現腸病毒在作怪。

當「腸病毒」悄悄造訪左右家之後，我第一個想到的是yoyo，絕不能讓yoyo被zozo感染，一定要讓她們兩個分開，在不同的房間睡覺、不同時間洗澡、不同遊樂空間、不同的餐具杯子……這些一定要做到。

幸好白天yoyo在學校呢！當我高興著yoyo至少白天和zozo分離時，突然感覺到自己自私的一面：我怎麼可以把可能有潛伏期細菌的yoyo留在學校？雖然她現在一點症狀也沒有，但如果有腸病毒細菌潛伏呢？那些四歲中班的小朋友，甚至三歲小班的小朋友該如何是好？比起五歲的zozo、yoyo，這群小朋友的危險性更高！

當下，我立刻打了電話到學校請假，確保未來十天，zozo、yoyo都會待在家裡，不會傳染給其他小朋友。

左右姊妹知道媽媽的用意，就像是要她們出門戴口罩保護其他人一樣。但真正讓她們感受到的還有其他事，像是我停止了zoyo的跳舞課程，那是她們最喜歡的一堂課，zozo心甘情願地接受，但沒生病發燒的yoyo卻傷心地哭了起來。

她說：「我又沒有發燒，我要去上跳舞課！」我們費了好多唇舌向她解釋為什麼不能去上課。

我們還取消了原訂計畫的小旅行、去外婆家的約會、同學的慶生會、假日的外出玩樂行程……等，她們唯一可以做的就是待在家裡玩，或是坐在車裡看窗外的風景，最多是去沒有人的戶外透透氣。

這場腸病毒的造訪，讓她們失去了一段自由的時光，讓她們揹起沉重的公德心包袱，還深入作答什麼是公德心，保護別人也是照顧自己的一種方式。我想這場腸病毒訪問過程是讓左右姊妹印象最深刻的身體記憶。

左右愛／亂語

zozo告訴咳嗽的媽媽：
「媽媽，謝謝妳有乖乖吃藥，這樣我的心就不會痛了。」（5.5ys）

● 生病就得乖乖在家裡。

你敢聽孩子說你的壞話嗎？

母親節前幾天，我和zozo、yoyo到圖書館借書。配合母親節，我刻意找一些和母親角色形象有關的書，隨手在書櫃裡拿了一本《我討厭媽媽……》準備借回家，此時，yoyo卻嘟囔地說：「我不會討厭媽媽，我不要借！」

我心裡又是竊喜又裝正經地說：「偶爾討厭媽媽又沒有關係。」

她正氣凜然地回答：「我—絕—對—不—會—討—厭—媽—媽。」

每個人都有優點與缺點，偶爾討厭媽媽真的沒關係啊！

《我討厭媽媽……》這本童書以一隻可愛的小兔子為出發點，牠一開口就以小彆扭的口吻說：「我覺得媽媽……很討厭。」這真是一句既俏皮又讓媽媽受傷的話，我誇張地按住胸口大喊：「喔~心好痛！」zozo、yoyo卻在一旁哈哈大笑。

繪本中的小兔子為什麼討厭媽媽呢？書中列出了一些媽媽的罪狀，例如：星期天早上媽媽都爬不起來，一直睡、一直睡，讓沒吃早餐的小兔子餓肚子；或是媽媽自己一直在看連續劇，卻不讓我看漫畫、動不動就發脾氣……等。這本書讀來像是在玩「心臟病」遊戲，讓當媽媽的我心裡緊張得要命，像是主管要來考核自己的工作成果一樣。

zozo、yoyo這兩個寶貝可是一點壓力也沒有，只是在一旁看著我窮緊張。

共讀後，我鼓起勇氣告訴她們，可以讓她們說討厭媽媽的兩個缺點。我還故意

● zozo說自己可以把細菌趕走。

● yoyo不敢聽自己的缺點。

摀著耳朵、蒙住眼睛說：「我不敢看、不敢聽！」

zozo說要想一想，然後，時間就這樣過了五分鐘，她才慢吞吞地說：「我要想很久很久，根本就沒有。」

yoyo也答腔：「對呀！倒不如說優點。」

這是母女共讀意外得到的好處，我可以當個五分鐘沒缺點的人。

也許是這五分鐘讓左右姊妹覺得意猶未盡，有一天的早餐約會，yoyo突然說：「我想說全家人的優缺點。」

這真是好嚇人的遊戲！不過這可是個重要關鍵，願意讚美別人，並且提起勇氣說出別人需要改善的地方，是一件兩難的事。我趕緊拿出Family Book，說要記錄下來，希望她們能夠說出心裡的話。

這次zozo、yoyo都參與這個「真心話大冒險」的遊戲，我們靜靜聽，想知道她們的想法。

yoyo決定先說優點再說缺點（她喜歡先快樂），zozo想先說缺點再說優點（她希望傷心過後還有開心），雖然兩人操作方向不同，目的地是一樣的，而且過程也一樣，讓人期待又怕受傷害。

yoyo說優點：

媽媽常常會誇獎我們，畫畫畫得很棒。（孩子真的在意父母的鼓勵）

zozo很會逗全家人開心。（zozo聽完笑了！）

爸爸很會修理東西。（爸爸抗議：每次都說一樣，都沒有改變！）

yoyo（我自己）：很有力氣，快要把zozo抱起來了。（真可愛的優點）

yoyo說缺點：

媽媽……（yoyo說不出來，然後趴在餐桌上哭，喔～）最後她說：媽媽喉嚨不好。

zozo會對我有一點兇。（zozo還說：「妳也對我兇。」）

爸爸拍照時拍不好會說：「哎喲～」（哪有啊?!）

我常常生氣時手扠腰。（yoyo有時脾氣一來，手一扠腰，讓人看了更生氣！）

zozo說缺點：

yoyo常常跺著腳走過去。（生氣時的跺腳）

爸爸賴床烏龜睡。（這真好笑！）

zozo：我有時會對媽媽有一點兇。（我聽完這句話，馬上感動地抱住zozo。）

媽媽假日會賴床。（當然要賴床，平常日我都只睡五個鐘頭耶！）

zozo說優點：

yoyo會照顧自己，早睡、睡覺時很乖。（可見zozo比yoyo晚睡）

爸爸遇到困難時不會放棄。（換爸爸感動了！）

zozo：我生病的時候會照顧自己，把細菌趕走。（的確如此）

媽媽很會打電腦。（這個優點是指寫部落格）

聽完這一串的真心話大冒險，我們好像感覺出優點讓人開心、缺點讓人心驚膽跳的反射現象，下次大家不妨也來玩玩看這個遊戲，保證緊張得要命的絕對是爸爸和媽媽。

左右愛／亂語

yoyo一早看見準備出門的爸爸便問：
「爸爸，你要去特技表演？」爸爸很緊張自己哪裡个對勁，
接著yoyo又說：「不然怎麼這麼帥。」（5.7ys）

● 用family book記錄下來。

寶貝想畫畫

ABOUT DREAM

我的孩子說他畫不出來

你有這樣的經驗嗎？要你做一件事卻心有餘而力不足，例如畫一幅畫，腦子裡有畫面，手卻無法自在地描繪出腦海裡的畫面，許多人或許因此多少有一點對攝影的喜愛，想要把自己腦子裡美好的畫面直接經由那神奇的機器呈現出來。

我們為什麼畫不出來？成年人或許可以說：「沒有學過。」但是當孩子對我們說：「我畫不出來！」難道一個繪畫課程或美術班可以直接解決他們的難題？

一個朋友告訴我，他的孩子有時會畫不出自己想畫的東西。

我記得兩歲多的yoyo，也曾經有這樣的情況，她希望爸爸幫她畫一幅開車的圖，她說：「我不會畫。」

這時候，凡是輔導孩子、幫助孩子的你，可不是發揮樂善好施精神的時候。如果你覺得這個「題目」對你而言輕而易舉，或許不要急著以過來人的姿態說：「這樣也不會，媽媽（爸爸）教你！」相反地，萬一你本來就自認為沒有「繪畫天分」，沒有「藝術修養」，也不需馬上去請教「專家」。根據我們家的經驗，這裡的重點在於孩子的問題與成人的想法大不相同。

不幫孩子畫畫，並不是不理會孩子的困擾，而是試著找出孩子的問題到底出在哪裡，幫助他越過心理障礙：為什麼寶貝會畫不出來？該如何引導他？

因為每個小孩都是個案，所以只能去摸索適合你的寶貝的路徑。這裡提供的，只是針對成人的一些提醒，適用性應該比較高，畢竟我們的教育歷程大同小異。

首先，要犧牲自己的時間參與。在幼兒畫圖時適時地「參與」，只要不是帶著「教導」的意味，對於營造創作時自由快樂的氣氛還是有所幫助的。有那麼幾次，左右姊妹希望我和她們一起畫畫，雖然知道不應該畫畫給孩子看，但此時的出發點已經是親子共樂，而孩子也希望媽媽也能和她們一起開心作畫，所以我和她們一起畫了幾幅接力作品。孩子會觀察環境，也會觀察人的反應，她們看到媽媽所畫的內容，也看到我的態度，尤其是後者最重要，不管孩子與你自己畫得如何，整個過程都要保持愉快的心情，這是暗示孩子：畫畫是沒有負擔的事。話說回來，只要拋棄成見，不計「成敗」，和幼兒一起塗鴉亂畫一定是最放鬆的時光。

● yoyo畫恐龍。

至於引導的方式，雖說基本上沒有一個萬用的程序，但是在過程中嘗試放棄自己的理解，積極體會孩子們的眼光，絕對是唯一不可「懶惰」的準則。

就以這位朋友的心肝寶貝J想畫恐龍為例：J想畫恐龍卻畫不出來，他希望媽媽能幫他畫一隻恐龍。

此時，大人必須注意的是要先「忘記恐龍的長相」。雖然我們在腦袋裡免不了有一個如圖片或電影裡「正確的」恐龍形象，但是不能作為預設的結果，如此一來會干擾孩子的想像，讓他們喪失動筆的動機。當幼兒說他畫不出來，通常表示他沒有動機，這時或許可以問他：「你想畫一隻什麼樣的恐龍？」如果一時難以表達，我們可以再試著用問答的方式慢慢地引導孩子，營造出一個故事的情境，幫助他去想像那個畫面，那個畫面中可能包含著：恐龍處在何處？牠在做什麼？牠在想什麼事情？牠身旁有什麼？……這些問答的目的，是要將孩子對恐龍的喜愛，轉換成一種實際的想像。

這些原因可能是各式各樣的細節，甚至重點不在恐龍身上，而是其他你想像不到的非關主題的事物。在編造故事的過程中，通常孩子會突然發現他畫畫的「真實的動機」，進而動手下筆，這時你就等著接受一切結果了。

當孩子透過故事性的引導，不管他畫出什麼樣子，就算是三頭六臂的怪物，或只是幾個大圈圈，你都得接受，都要認同他心裡所想的樣子。不要讓他覺得你期待他畫出什麼，更不能有任何言語上的批評，或是不贊同的表情。我們必須和孩子一起分享他所創造出來的故事，真誠地感覺他獨特的創作。

然後將這幅畫收藏起來，這是我們唯一的責任。

六歲以前的孩子，由於心智尚未成熟到對事物「整體」進行觀察，也缺乏「部分」與「部分」之間的連結認知。所以不應該強求模仿「正確形象」的描寫力，就讓孩子自在地畫出他心中的想像吧！如果在這個時期過度要求孩子畫出所謂正確形象的圖像，後果會怎樣呢？那就是他以後真的都畫不出來了！因為孩子會覺得畫畫是有標準答案的，孩子們會朝向有讚美的那條窄路走去，會自我檢驗，而這樣的他如果無法達到「標準答案」，就不會主動提筆來作畫。

身為父母的你，到時可能真的要提起畫筆幫孩子畫畫了。

左右愛／亂語

zozo說：「天空是世界的背景。」（5.11ys）

● 三歲五個月的yoyo畫恐龍在溜滑梯。

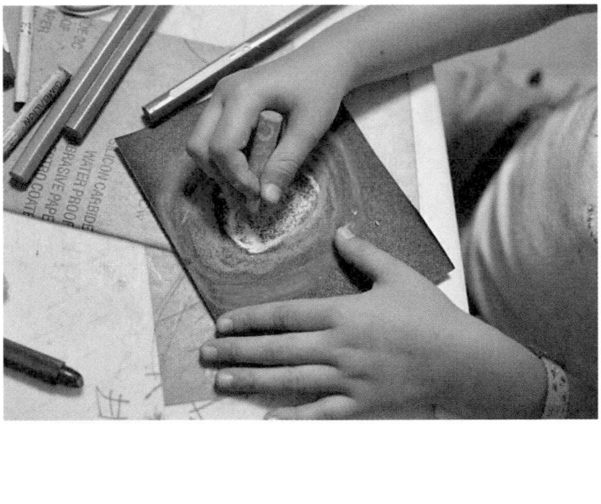

他說：我畫不像

我的朋友A曾經問我一個問題，她說三歲三個月的寶貝兒子似乎不太喜歡畫畫，他的圖像還停留在直線的階段，而且很在意自己畫得「像不像」。

關於只畫直線的問題，這可能牽涉到孩子的手部運動方式，可以在生活上多訓練他操作一些工具，加強他的手部細動作練習，像是鎖螺絲、搖鉛筆機、穿線遊戲（串珠珠）、玩黏土、摺色紙……等。

另外，桌子的高度、畫圖的姿勢也會影響孩子手部運動的靈活度。基本上，在垂直或有些斜度的面上畫圓形與曲線會比較便利，可以試著讓孩子用畫板靠在牆上，或站著直接在牆上，蹲著在地上畫，zozo、yoyo小的時候，我們就習慣買大張紙鋪在地上讓她們自由地塗鴉。

其實不管大人、小孩，每個人都會自然地評價自己畫得「像不像」。但是這裡有兩個問題：首先。只要有表現慾，每個人的視覺經驗原本就有差異，幼兒的視覺經驗與成人更是大不相同。其次，「像不像」是概念問題，他們的「像」與成人相去甚遠，可能只要某個局部被表現出來，某個物體的色彩出現，或某個物體在某個環境裡的狀態被表達出來，他就認定是「像」了。

幼兒的方式通常簡略許多，我們可以說這比較像是去「作出一個具代表性的指示符號」。所以與其直接教他如何畫，倒不如有技巧性地引導孩子說出某個物體中他認為最重要的部分。然後在他願意下筆的同時，再適時提醒其他細節，雖然孩子在忙著他自己的動作時不見得能全盤接受你的指引，但是不要在意，因為這樣就間接引導了幼兒視覺上的觀察力。

左右姊妹兩歲多時畫畫，當時只要顏色對了，她就認定那是「自己想畫的東西」，也就是說，她就覺得像了。那時yoyo畫她的棕熊玩偶，隨意揮灑幾筆棕色的筆畫，就一副大師的樣子說：「小熊！」畫了幾筆黃色的顏色，就說：「計程車。」只要孩子認定是像了，就是他心中該物的最佳形象。在幼兒視覺藝術教育中，我們要的就是這種無礙的自信，這是一個讓他們自我滿足的世界。

兩歲的左右姊妹還風靡巴士，爸爸鼓勵她們畫出心中的巴士，她們卻遲疑地說：「我們不會畫。」爸爸很訝異地繼續詢問下去，想知道她們不會畫的真正原因，後來她們才說：「巴士裡面有方向盤，我們畫不進去。」

原來她們認為一輛巴士最重要的是要有方向盤（有方向盤對她們而言，才是真正的巴士），而她們覺得自己的車子都太小了，方向盤根本擠不進去，因為不像而不敢畫。

知道真正原因後，爸爸換了個簡單的方式鼓勵兩姊妹：「那明天我們把公車畫大一點，就可以把方向盤畫進去了。」後來zozo、yoyo分別畫出自己心中的巴士，甚至出乎意料地畫出了駕駛員（側面）操控著她們覺得巴士裡最重要的方向盤。這過程中，我們成人完全不需要動手。

畫圖需要工具，如果孩子在工具安全、媒材不缺的環境中，他自然會隨時動手作畫，隨手拿出媒材做作品。因此，家裡應該要有幾個角落，提供這種素材豐富、可以自由創作的環境。

我常常告訴左右姊妹：「畫畫沒有標準答案。」在此，也提醒經常陪伴小孩作畫的父母們，美術創作沒有固定目標、也沒有一定標準，孩子們只是在練習使用非話語的方式表達自己。而且在兒童早期繪畫階段中，有很大一部分的樂趣是直接來自於媒材本身的變化與實驗，這對剛開始接觸另一種表達語言的幼兒更是重要。既然是「實驗」，就該容許「失敗」與「變化」吧！

左右愛／亂語

zozo問：「媽媽，人是什麼形狀？」（2.9ys）

• 三歲七個月的zozo畫脫皮怪獸

繪畫也是學習獨立的開始

有個朋友曾經問過我這樣的問題：她的寶貝女兒小玉（三歲六個月大）在兩歲多時就能畫出一些成形的圖案，但她的畫大部分是模仿大人的，自己實際想像所畫出來的比較少，她希望我和從事藝術教育的先生能給她一些建議。

其實我們在陪伴自己孩子成長的過程中，之所以運用許多隨機的機會讓她們進入繪畫的情境，絕不是站在培養其藝術才能的想法上。因為所謂「藝術才能」或「藝術天賦」這個概念，事實上是在文化中被肯定的東西，換句話說，孩子們將來的文化環境才是他的「天賦」被認可的重要環節。

那麼，該以什麼態度看待幼兒與繪畫的關係？以左右姊妹目前的發展來看，我們可以肯定的是，她們的確在長期手繪的過程中建造了一套自己獨特的表達工具。而這種表達的自由有一個重要起點，那就是每次繪畫都可以從陌生中獨立克服表達的困難。

手繪是一種無中生有的冒險行動，拿起畫筆面對畫紙的感覺絕對是錯綜複雜難以言語形容，然而這是最沒有生命危機的大冒險，我們要珍惜這種陌生。因為陌生，幼兒開始總會有些恐懼感，我們會接收到許多各式各樣的求援信號。

此時，成人給予協助在感情上是理所當然的，但是最好謹記「協助」的後果就是減少孩子獨立判斷的機會。尤其在造形工作上，應該要容忍孩子甚至成人對於「畫不好」這種畏懼，一方面這是幼兒獨立的工作範圍，另一方面這是成人與孩子非語言溝通的絕佳機會。成人要克制自己的藝術評價，只要理解與支持，那麼就能延續你們之間「無言的溝通」。

就小玉的案例來說，她對於手繪的興致高昂是很明顯的事實，可能大家的鼓勵也帶給她很大的信心，因此她有強烈的創作慾，做父母的要好好順勢而為，給她更多的工具與媒材，例如毛筆、黏土去嘗試，否則會導致她對其他表現方式產生畏懼，而不斷地回到安全的模式。

小玉對形狀很敏感，握筆的力道也控制得宜，可惜變化較少，表示她畏懼陌生的造形與手部動作，必須要一些外來的刺激。由於她的模仿力強，倒是可以在成人的引導下，透過各種圖片或照片刻意注意頭部側面、手指、腳趾、腰部動作，這可以配合真實的肢體動作讓她玩玩扮演的遊戲，熟悉的身體會引導她注意一些部分的細節，慢慢讓她習慣自己身體、視覺與手繪的連結。

但這不是一蹴即成的事，可能長達兩、三個月甚至一年，我們才有機會在偶然間看到一些有趣而獨特的表現。簡單地說，這牽涉到視神經與運動神經之間奇妙的橋樑作用，就如同在相異的兩地搭橋也需要冒險一試，我們盡量讓孩子慢慢建立獨立完成的勇氣。

最後，我們也建議讓小玉嘗試更多立體造形的遊戲（例如積木、黏土），這樣能平衡她平面與立體之間表現的落差。另外，看見小玉的作品很多畫在磁性繪板上，坊間流行的磁性繪板的問題是它過於方便「銷毀」痕跡，過度使用磁性繪板的小孩會養成拒絕接受「敗筆」的心態。而磁性繪板的「解析度」通常過於粗糙，無法真實反應手部的力道，這種工具也沒有使用鉛筆、蠟筆或毛筆在紙上的層次變化。

盡量讓她身邊有本素描本吧！這些累積起來的痕跡可以讓她自己回顧以前的動作與想法，她可以自己決定是否要改變它或保留它，這也會是她學習冒險、克服陌生與獨立判斷的一小塊園地。我們就負責幫孩子們的每一次冒險寫好日期吧！

後記：有一天，六歲的yoyo翻著自己三、四歲的畫冊，一邊問爸爸每幅畫旁我們為她作的文字紀錄，一邊自己回憶了起來。最後，這位剛上小學一年級的小女生，用一種「過來人」的語氣悠悠地說：「好像一本故事書啊！」

左右愛／亂語

yoyo一邊畫畫一邊說：
「媽媽我送妳一棟房子，有八層樓喔！」（2.11ys）

● 水墨畫的工具很簡單隨意。

● 水墨畫的速度感與材質特性，
讓孩子忘記畫得像不像這件事。

● 五歲zozo用吸管沾墨汁畫：會生baby的招牌。

縱使只是不經意的一撇

一位用心的媽媽在我部落格裡打轉，尋找和幼兒藝術有關的概念。她說女兒小妞畫畫時會說：「我要畫媽媽，畫阿公，畫一堆的人。」但是，都是隨便撇兩撇，就說畫好了。

「這是媽媽。」

「真的喔，那媽媽的眼睛在哪裡？」媽媽說。

這時，小妞又隨便撇了兩撇，然後說：「在這裡。」而且是畫在完全不相干的地方。

這位朋友憂心忡忡地問我，左右姊妹小時候也會這樣嗎？

左右姊妹小的時候當然也經歷過類似的狀況，這是很奇妙的塗鴉期，任何的事物都存在於她們隨機隨性的幾撇，沒有明顯特徵。就如先前的描述，兩歲的zoyo畫了幾撇黃色的顏色就說「計程車」，畫了棕色就一副大師的模樣說：「小熊」。這些記憶我非常深刻，是多麼可愛的年紀。

這位媽媽又問：「要如何引導孩子不去和他人做比較，能夠享受塗鴉的樂趣？是不是大人有時候也必須要適時出手一下？……該如何做比較好呢？」

我告訴她，當我們和zozo、yoyo一起做作品時，我們會一起做，但指的不是幫她們把作品完成（除非有需要力氣完成的部分，我們才會幫忙），而是陪伴著她們一起天馬行空地討論作品的可能性。我們不會幫她們畫，更不會教她們畫，這就是我們和孩子之間的默契，因為這個作品是她的，不是我的。

朋友繼續說：「身邊周遭比較大的小孩，很容易透露出我畫得不像，你幫我畫，或是我做不出來（玩黏土），你幫我捏……現在的小孩子太聰明，不一定是他們的爸媽嫌棄他們的畫，有時他們會覺得自己畫得不像而不想動手。」

一般人會把藝術教育視為「高級」的文化教養，因而相對期許「更精密的」或「更複雜的」教學方法。然而在幼兒階段，尤其五、六歲以前，我們比較傾向於將所謂「藝術教育」視為幼兒個體自發性發展的媒介，或者一種觀察其身心發展的原始材料。在這個過程中所出現的可見的東西通常並不「高級」也不「賞心悅目」，基本上都是相當「原始」、「粗野」、「沒有修飾」的「作品」。

所以應該學習的反而是陪伴幼兒的成人，受過長期制式教育的成人很難拋棄既有偏見與知識，原因是所有的期待都來自於這些事物。但是在塑造自己的孩子同時，應該也要學習接受孩子們塑造自己的可能性。

「繪畫」以其便利性最適合作為這個交互學習的空間。而面對這種發展空間，成人應該觀察的不是整個畫面的「完滿」或預期目標的「成功」，而是：

1. **手部的發展**：直線、曲線、各種形狀、快速、慢速、施力的輕與重。
2. **觀察力的發展**：細節、不同角度的變化。

3.**媒材感覺的發展**：乾、濕、平滑、粗糙……等。

舉一個簡單的例子說明如何進行：當我們與小孩到沙灘上，一根樹枝就可以開始讓大家進行沙灘上的繪畫，此時圖形可以無限制地大於身體，而沙灘上的痕跡深淺則可以明顯地顯示施力輕重；另一方面，用手將沙子抹平也可以練習質感的變化。

這樣的練習與觀察當然可以無所不在：在家中可以使用吸水性不同的紙張，在戶外可以在水泥地上用水畫，使用小石頭刻畫在大石頭上。

至於觀察力的提升，左右姊妹與其他小孩一樣，自小就愛撿拾地上的小東西。我們容許這些小石子、小樹枝、果實、樹葉，甚至一些不知名的碎片進入家裡，為她們準備蒐集盒，目的就是希望延長她們的好奇心。而平常我們也利用任何等待的時間與她們一起進行視覺觀察：不是去問「那是什麼？」，而是去描述「這個很高」、「那個比較小」、「它彎彎曲曲的」、「那個紅紅的東西會轉」……等。

孩子透過這些日常的練習將會熟悉自己的手，習慣自己進行視覺的觀察，並得到許多研究細部的樂趣，這有助於他們在繪畫時自行引發動機。

前面所提到的「手部發展」、「觀察力」、「媒材感覺」，這些部分若能綜合起來，我們才有機會在兒童創作中看到成人視覺經驗裡所謂的「完整的繪畫」，但是這個較「高級」的階段通常會在六、七歲以後才有可能出現，也就是說是另一個階段的事了。在這之前，父母以記錄的態度（而不是評價的態度）介入，比較能取得一個從容的角度，面對幼兒「一撇」或「兩撇」的「簡單」操作。

對「評價」已有明確意識的兒童，由於不希望得到負面判斷，自己動手的心理障礙會更明顯。這時就盡量轉移他的焦點，或許可以將注意力放在「媒材遊戲」上；例如水彩或水墨的潑、灑、渲染等效果，這會讓兒童忘記「主題」、「描寫對象」所帶來的預期成果。成人的「干涉」應視為「提供」機會，而且可能要學習如何不預設成果地與孩子一起進行遊戲，包括不厭煩地收拾「殘局」。這倒是成人重要的自我教育。

話說回來，到底給予兒童繪畫教育的目的是什麼？這是個值得思考的問題。面對zozo、yoyo，我們僅希望她們能在接受抽象概念、道德教養、閱讀思考能力的同時，也能同步進行那比較「原始」的操作，保有自己的視覺、觸覺或聽覺的特殊能力，這些都是群體的知識教育過程中，可能會漸漸流失的「身體感」，也是建立她們自我感覺、自我認識能力的基礎。

在夜深人靜時回顧她們的創作，其實是一種奇妙的感覺，那些圖形、線條、痕跡透露出許多當初不經意的成長細節。事實上她們的過去一直在那層層疊疊的紙上與我們默默地對話。

支撐著我們的信念一直是：成人若將幼兒「粗野」、「原始」的繪畫過程記錄下來、保存下來，這將會是孩子未來成年後，回溯自己成長過程的珍貴資料，因為那是他們最真誠的事物，縱使只是不經意的一撇。

「天才」是保留下來的

朋友兩歲八個月的女兒Anne畫畫時喜歡玩弄畫筆，讓她很苦惱。我笑著想像這畫面，既熟悉又讓人回味無窮，這是在某種年齡層才會出現的行為，回想這短暫的歲月，真是讓人哭笑不得，但這些讓人哭笑不得的行為可是成長的過程啊！

按照經驗，幼兒的塗鴉行為會持續到四歲左右，而她玩弄繪畫工具也是正常的表現，表示她正嘗試新的經驗，或許成人會將折斷畫筆或者摳蠟筆視為破壞動作，但是對於幼兒來說，所有的東西都沒有固定的使用法則。雖然這種行為經常造成成人困擾，但是只要記住：實驗是沒有規則的。我們要擔心的反而是那將大人的指示奉若聖旨，不加思索地遵守，不敢越矩的小孩。

如此看來，父母是否需要以建立「好習慣」的角度，去糾正孩子使用方法？基本上就不是一個最重要的課題了。其實，如果父母已經決定開發孩子們的創造力，就有責任盡量為他們準備沒有限制的環境。例如：一堆可以任意選擇的畫筆，大尺寸的紙張，可以弄髒的衣服，以及沒有責備與批評的眼神。

總之，成人需要的是，去設法理解這位毫無經驗與規則的「天才」可能會碰到的各種障礙，然後在每次的過程中排除障礙，包含成人在陪伴中產生的疑惑：這是在做什麼？這不對、這不好看、這太野蠻了……

幼兒是溝通能力不足而感覺敏銳的小動物，他們的表現慾望絕對與有權威的成人有直接關係，所以我們必須把自己的反應也算在整體環境之內。如果孩子發現他不斷得到表現的鼓勵、表現的機會與空間，慢慢地那種「我不會畫」的拒絕態度自然會消失。所謂「鼓勵」，也需要一些將危機化為轉機的小智慧。當他玩弄畫筆，我們就引導他玩得更多、更有趣；他折斷畫筆，我們就幫他將畫筆切成粉末來塗抹；他喜歡用力戳，我們就拿一支小油漆刷沾顏料讓他體會噴濺的效果；他把手沾滿顏料，我們就準備一張乾淨潔白的紙讓他壓印在上面……這些都不是在一般課堂中好控制的動作，老師當然會盡量減少這種一發不可收拾的混亂。所以父母在家中偶爾得為他準備好一些可以原諒的自由時刻。

話說回來，孩子們若是在學校接觸所謂「美術教育」或是「繪畫課」，也會因為外界較為僵硬的觀念灌輸或同儕的比較而失去自信心，這時父母的態度相當重要。幫助他們觀察外界障礙，取消不必要的示範課程，選擇讓孩子有表現衝動的環境，都是父母可以做到的。

若不然，至少也得與他討論，幫他建立「每個人都是獨特的」觀念。確實，只要是集體教學，再如何細心的老師也免不了偶爾表現出個人的評價。久而久之，孩子們會修正自己盡量迎合權威的價值觀；這也表示在家的教養活動是一個重要的平衡措施，孩子們會把他在家裡得到的尊重與信心帶到團體生活中。

關於坊間繪畫班的選擇，我們一向覺得不可大意聽信傳言與宣傳，一定要至現場參觀其整個操作過程。有創造教育概念的課程會堅持讓幼兒在遊戲中度過一個下午，而不會以展示「作品」成果或比賽成績為目標。一個充滿遊戲力量的課程結果，乍看「慘不忍睹」，實際上其過程會對幼兒心靈產生莫大的想像刺激。

我們可以這麼想：想像力不是被教出來的，而是被保留下來的，因為將來孩子要接受的國民教育是一視同仁的公民教養，我們沒有必要提前縮短他們的個性發展。

關於孩子的塗鴉期，有一些細節可以注意：

1.塗鴉之所以稱為「塗鴉」，其實就是成人所謂「亂畫」。而亂畫除了在造形上沒有規則，重要特徵就是沒有固定目標地讓身體（手部）自由發揮，其中還包含：捽、折、壓、摸、甩、刮……等動作，孩子透過大大小小的動作得知其效果，有助於他們的感覺發展。大面積的畫面與易於直接使用的工具，都能輔助他自己對動作效果的觀察。

2.塗鴉時的孩子會有不斷重複某一動作的現象，這不是他缺乏變化，很可能他只是在無意識的狀態下熟悉身體（手部運動）。

3.兒童對自己塗鴉的命名動作相當重要，這是他與外界建立抽象關係的表現。一條線可能是車子，兩個點當成路人，這裡面有他的空間邏輯，甚至也簡單描寫出所見所聞。這時成人最容易出現糾正的態度，一旦塗鴉期的幼兒被糾正（這不是車子），他就會朝向退縮的路，索求他人的示範與指導。如果成人能抱持著幼兒無拘無束的「天才」學習的心態，融入他們對畫作天馬行空的解釋，一切就會變得好玩起來。

左右愛／亂語

zozo玩積木說：「媽媽，我想要拼個車子，可以幫我嗎？」
媽媽說：「可是我沒像外婆阿嬤那麼厲害，可以拼出車子。」
安慰王zozo說：「沒關係，妳拼不厲害的給我就好了。」（3.3ys）

4.黏土、陶土或堆沙，都是讓塗鴉期的幼兒進入「手的世界」的重要材料。大部分的兒童會對這種有具體觸感的活動表現高度的興趣，因為他們本來就是善於「摸索」的小動物。同樣地不要對具體的成果抱持著期待，這種活動通常最後是「回歸原始」的狀態。

5.主題常是讓兒童卻步的障礙，建議幼兒在進行創作活動時先讓他們亂畫暖身，等到進入欲罷不能的階段時，再以聊天的方式讓某些主題出現，你就會看到他們是隨意命名的天才。

塗鴉期是人類繪畫的原始階段，既然原始，就不該強行抹煞它。這個時期一旦結束，孩子的心智發展就不會容許自己停留在「無知」狀態，他們會想望更複雜更有意識的表達。在這之前，自由塗鴉就像是讓他們宣示：「我有表達的自由」。

● 畫在撿拾來的乾荳莢上，更有觸覺的趣味（3.3歲）。

偷看他世界的方法

妞妞妹今年才三歲多，她跟媽媽說想去學畫畫，因為老師說她的畫好醜。

故事其實不這麼簡短，但我讀得好憂心，難道還有老師不知道他的一言一語影響著孩子一輩子？難道還有老師不知道孩子需要的是正面鼓勵、而非負面的否定？

嚴格來說，「學齡前兒童繪畫」其實不能算是「繪畫」，如果用「心智成長」的眼光來看，那比較像是孩子自由地在材料中遊戲，我們成人只是「不小心」偷窺了他們的世界。我想妞妞妹媽媽已經有分享孩子的世界的心理準備，只是更重要的可能還是在環境的預備狀態，如果我們希望多多瞭解孩子，那麼在家中可以隨時準備好材料，成人就會得到更多這種「不小心」的機會。

萬一孩子在學校有負面經驗（尤其是老師的不認同），那麼更需要加強他的正面經驗，來克服那個可能無心的老師所具有的權威感在孩子心中所造成的卻步。家裡的支持（每一個人）是非常重要的，刻意的誇獎也是應該的，就當成發揮想像力的時刻與他一起討論作品的各種細節。孩童在塗鴉階段（通常在二到四歲）最希望別人聽他描述各種可能隨手拈來的細節（這時成人不要以「繪畫」概念來面對眼前這堆通常難以分辨的創作），一旦小孩有了順利的分享經驗，他會不斷地找機會用各種材料透露他的想法與夢想。不過，對於曾經直接給予他負面經驗的人來說，可能就沒有這分福氣了。

以下是我們在家裡常做的事：讓孩子有各種大小的畫冊、零散的小紙條、空紙盒……等，還要有隨手可得的筆，當然也要有隨手收集、編上日期的準備。zozo、yoyo很早就開始學習這個用數字「建立檔案」的工作，間接也讓她們對日期有清楚的概念。她們會數日子，將事件與時間順序連結起來；會自己發現以前畫的方式和現在有了區別。

孩子有時會記得以前畫的感覺，有時會重新編故事，他們慢慢融入屬於自己的語言世界，確定這些東西有人聆聽與閱讀，隨時都可以分享。久而久之，由其他地方不經意產生的障礙對他來說應該就只是小事了，這就是我們能做的部分。一言以蔽之，就是讓他的自由創作取得「合法性」。

進一步說，既然我們已經將幼兒的繪畫行為看成「心智成長」的紀錄，理論上就不能再以「美術發展」的線性觀點來評價。例如：透視法、合理比例與結構、準確的色彩、正確的工具使用……等，這些相當程度依賴確定知識的「專業動作」常常過於要求精準，以至於幼兒無法充分表現他確實的內在感覺，以及專屬於他自己的「邏輯」。在兒童開始以自己的方式「客觀地」評價其表現成果之前，我們寧願看到他為了展現得到某物的慾望，而將手腳「不正確」地扭曲伸長，也不希望他為了畫得「正確」而總是在結構上傷透腦筋。這個所謂「客觀的」或「理智的」參與，與孩子生活經驗的大量累積有關，他會意識到較為明確的「社會關係」，並且在圖面上以適當的空間來表現。一般來說，這是九歲以後的心智問題，不過在資訊發達充滿感官刺激的城市裡，可能會提早來臨。

然而不論幼兒的成長環境如何豐富，站在「自然」與「自我成長」的教育立場，我認為所有強調作品品質的「繪畫班」都不應讓學齡前兒童碰觸，那些願意不計後果陪你的孩子玩上一、兩個小時的老師，不管體力上的付出或是理念上的堅持，都值得讓我們尊重。

左右愛／亂語

yoyo一邊看著爸爸的眼睛一邊說：「爸爸，眼睛就像是一面鏡子，可以看到我也可以看到你。」（3.4ys）

● yoyo一到兩歲的塗鴉保存在兩張全開拼起來的紙上。

教養不孤單Q&A

1 我們家的雙胞胎已經一歲多了，也許是姊妹的感情愈來愈好，最近姊妹倆和我們夫妻睡覺的時候，都變得好興奮，就算關了燈，也不像以前一樣，哄個十分鐘就睡覺，兩個人會在房間裡爬來爬去或是玩耍，有時甚至要撐個一個多小時才會入睡，實在令我們很困擾！（如果阿嬤幫忙陪其中一個在另一房間入睡則不會如此），不知有什麼方法，可以讓她們有良好的作息習慣，準時入睡呢？

親愛的朋友：

看了你的問題，我很努力地回想，一歲多時的zozo、yoyo到底是怎麼一回事？我記得那時原本乖乖躺在床上的她們，突然開始學會走路而特別好動。

好玩的小孩子有時甚至不知道自己其實已經很累了，我想問的是：你們會陪睡嗎？在左右姊妹四歲以前，我們是會陪睡的（通常是由比較累的大人負責，因為可以順便休息），有爸爸媽媽在身邊，孩子比較不會爬起來玩。

睡眠的環境也很重要，營造一個不太活潑的睡眠環境是很重要的，在房間裡開一盞微昏的小燈，甚至播放輕柔的音樂（zoyo四歲前有水晶音樂助眠），睡前儘可能不要和孩子玩太激烈的遊戲，例如騎馬、雲霄飛機、抓人遊戲……這會讓孩子興奮得不得了。

如果這些先決條件都設定好了，小朋友還是很好動，那陪睡的爸爸媽媽恐怕要有一點嚴肅地說：「該睡覺了！」請孩子慢慢地閉上眼睛，那時我甚至還會盯著左右姊妹有沒有閉眼睡覺呢！

以上建議，希望能幫助到你。

2 我們家的雙胞胎姊妹目前六個月大。姊姊的個性比較文靜、內斂、怕生；妹妹的個性比較活潑，而且在各方面發展上也比姊姊快，比較快學會翻身、爬行，平時沒事就喜歡發出哇啦哇啦的聲音，跟大人玩時總是笑得很開心，因此大人都很喜歡她。

家人都瞭解她們天生氣質的差別，因此不會有偏心的事情發生，但是遠房的親戚或是家裡的保母就會說妹妹比較聰明，比較喜歡跟妹妹玩。請問對於外人的偏心，做父母的該如何處理呢？

親愛的朋友：

首先恭喜妳，有一對雙胞胎，還要恭喜妳已經脫離了最辛苦的育兒時期。因為脫離了辛苦的時期，才有更多的時間來想像孩子的想法與感受。

我得先請妳為自己打一劑強心針，因為在妳生下雙胞胎的那一刻開始，就要有心理準備，因為孩子之間的比較，以及他人面對孩子的大小眼，甚至孩子檢視妳的公平性……這些問題會一直持續到孩子長大成人。

我們無法預防其他人的大小眼，妳能做的就是在當下與事後安撫孩子，尤其當孩子慢慢長大，開始聽得懂大人的對話時，事後的安撫更顯得重要。當然，六個月大的孩子也會有知覺，也會感覺出自己與另一個「他」被愛撫的差異，所以我建議妳，當其他人特別讚美其中一個孩子時，妳可以順口說：「對啊！妹妹很可愛，我們家姊姊也很貼心，都不會讓媽媽太累。」在他人的讚美聲後，加上另一個孩子的讚美是非常重要的，不僅給了另一個孩子所需要的關愛，也間接提醒這些大人們，別忘了另一個可愛的娃兒。

妳得非常小心，持續地注意觀察孩子的心思，相信認真對待孩子的妳，寶貝也會非常信任妳的愛。

加油～辛苦的媽咪。

3 我的寶貝目前五歲四個月，有時我因為當時的情況，無法允許她繼續做她想要做的事情時，她就會吵鬧不休，面對這種情形，請問我該如何做比較好呢？

親愛的朋友：

這個問題是每個父母都會碰到的問題，以下是我的作法。

孩子堅持要做某一件事，在我看來，應該就是熱中於手邊這件事，或是不想做下一件事。所以當我的孩子出現這種情形時，我會斟酌她們正在做的事是什麼？如果這件事很難中斷，例如她們正在畫畫，或是讀一本書，那麼我會預先暗示，給予她們五分鐘或是十分鐘的過渡時間，也就是說，父母必須在下一件事發生前十分鐘就暗示孩子，在緩衝時間內告訴她們，之後還是可以繼續

進行，讓她們覺得有繼續的可能性，而非完全中斷。

反之，如果孩子正在做的是一件小事，而且很明顯地只是惰性使然，我也會提前告訴她們，但表情會比較嚴肅，讓她們知道時間一到，爸爸媽媽就會出門，拖拖拉拉是行不通的。

4 我的雙胞胎寶貝吃睡都在一起，根本就分不開，請問要怎麼培養他們各自的興趣呢？為了避免被他人比較，可以讓他們學習不同的才藝嗎？

親愛的朋友：

謝謝你的問題。

你知道嗎？雙胞胎在我眼中是兩個不同的個體，他們同時出生來到世界上，擁有相同的遺傳基因與身世背景，但除了這些之外，他們統統都不一樣，他們的喜好厭惡不同、他們心裡的故事差很多、他們對世界的看法也不太一樣，所以他們雖然常常相處在一塊，但只要認真觀察，你就會發現他們之間大大不同。

以我的孩子來說，她們從小沒有分開過，但是對於食物的味蕾感受不一樣，愛吃的口味差很多，姊姊喜歡跳舞，妹妹喜歡唱歌；姊姊喜歡畫畫，妹妹喜歡運動；我只是靜靜觀察就能發現她們的不同，所以我不會刻意培養她們的才能或興趣，因為她們最清楚自己的喜好在哪裡。當有一天她們興致勃勃地告訴我，想要特別學習某種才藝時，那時我才會真正考慮讓她們去學習。

當然，我認為培養孩子多種興趣也是很重要的，但不是專指去才藝班報名，而是讓孩子從日常生活、大自然的環境中培養興趣，畫畫、運動、親子烹飪、唱歌、跳舞、玩沙、爬樹、認識昆蟲與植物、走訪動物園認識動物、閱讀繪本童書、旅行中認識人文歷史……等，慢慢地，孩子就會對多樣事物感到興趣，而你也會發現他最感興趣的是什麼，那時再去學才藝也不遲。

5 我的雙胞胎寶貝一歲十個月了，兩人吵鬧起來的威力是乘以二，搶起東西來互咬互打的，我簡直快要昏倒了，講「不要」、「不行」更是對牛彈琴，他們還聽不懂呀！因為是男生，所以特別粗暴嗎？有時候也沒有玩具可以搶，他們就莫名其妙地互毆起來了！請問面對兩個小小野蠻人，怎麼教導才好？怎麼讓他們知道，這樣做是不對的呢？

親愛的朋友：

看見你的問題，的確是個很煩人的過程，我希望可以提供你一個比較正面的想法，去面對孩子的不順從與打鬧現象。

我記得左右姊妹小時候也會互相搶奪東西，只是比較不會用武力去解決她們的困境，就算是現在已經五歲了，搶玩具、搶媽媽、搶寵愛……等，都還是會發生。手足間的競爭是正常而且常見的，所以我願意把孩子的易怒、易哭、易生挫折……看成是一種原生的人性，我們不就是透過許多後天的教養、學習才懂得尊重別人、控制自我情緒、開始忍耐有勇氣？我們是大人，用了二、三十年的光陰來學習長大懂事，孩子也是需要這些過程的啊！

我常對其他朋友說，孩子不懂的事情，如果不講個三、五十次，他是不會深刻記牢的，所以我會一而再、再而三，不厭其煩地告訴孩子，怎樣做才是合理的，怎樣做才不會傷害別人，這是目前我覺得最實在的作法。尤其是面對小小孩，不斷地叮嚀絕對是最適合的，只是我們對談的方式不是叫罵，而是用較正面的用詞與他溝通，盡量少用「不」、「不行」、「No」這樣否定式的言語糾正他。

舉例來說：

否定語句：不能咬別人。

正面的對話：寶貝，你這樣咬傷哥哥，哥哥會流血會痛，如果你被咬傷，一定也很痛。

你發現了嗎？否定語句通常一語截斷所有親子間的對話，但正面的用詞對話較長，不僅和孩子溝通，無形中也幫助孩子增加許多語言字彙呢！孩子會慢慢適應這種溝通的方式，漸漸地，他就能感覺到要和爸爸媽媽作有效的溝通，而不是用吵鬧來引起他們的注意。

另外，一、兩歲的孩子是沒有借貸概念的，也就是說，孩子覺得東西一旦從他身邊被取走，是回不來的，所以他會想盡辦法保留身邊的東西。這樣的想法也需要父母與孩子慢慢溝通，確認玩具是可以互相分享的，分享的東西可以再次回到自己的身邊。

很抱歉沒辦法給你比較實際的作法，希望這些想法能夠讓你面對孩子時，用較寬容的態度處理眼前棘手的難題，我們是孩子這輩子的貴人，幫助他們長大懂事是我們的責任，讓我們一起努力喔！

6 Dear Selena，zozo、yoyo好棒！竟然會自己洗頭，請問有什麼方法，可以讓五歲的小女孩不害怕自己沖水洗頭髮呢？

我是用漸進的方式教的，前後大約花了一年的時間。

1.首先要讓她們喜歡水，所以夏天時我會允許她們偶爾使用蓮蓬頭（好浪費水啊！）。

● zoyo可以自己洗頭髮

2.幫她們洗頭的時候，我讓她們坐在小凳子上，要沖水時請她們抬頭看天花板，我一邊沖洗一邊和她們聊天，讓她們忘記恐懼，久了也就習慣這樣的方式。

3.然後我會問她們要不要自己練習沖一下比較下面的頭髮，頭頂上的由我負責，她們覺得好玩，也就接受了。

4.過一陣子，我甚至沖水時都不叫她們看天花板了，只要她們眼睛閉起來就可以了，我還說這只有大人才會，因為她們很想當大人，所以比較能接受。zoyo有時怕怕的，還自己發明一種方法，就是把毛巾摀在眼睛上，毛巾會吸掉水。

5.最重要的是，如果要孩子自己洗澡、洗頭髮，要確定他能搞懂水龍頭溫度的轉向，熱水是哪一邊、冷水是哪一邊，免得燙傷了。

7 孩子用筆畫電視機，怎麼辦？

我的孩子現在兩歲九個月，正值小小叛逆時期，不久前他開始用原子筆畫電視機的螢幕，唸了他幾回也沒有奏效，同一件事情他都會問：「那大人可以……嗎？小孩也可以……嗎？」寶貝也不知道自己為什麼要畫電視，有時說是無聊，有時說是生氣，讓我很傷腦筋，不知該怎麼辦才好？

親愛的朋友，首先要恭喜你，因為從你的描述當中，我覺得你的孩子邏輯能力很強，他會舉一反三，會用大人與小孩之間的禮遇不同來反問你們，雖然大人覺得不是很舒服，但從另一面來看，這也是很正面的特質。妳是個很棒的媽媽，知道如何面對孩子的壞情緒，這點真讓我佩服，我曾經寫過一篇文章〈兩歲兒製造些什麼問題？〉這篇文章寫著兩歲兒突然明白了一點事情，突然懂得如何say No，如何為反對而反對，雖不是每一個兩歲兒都會這樣，但我相信每一個孩子都會經歷這個階段，因為這是他成長最大的初始，他知道世界原來可以自我掌控。

如果孩子說：「大人能夠怎樣？為何小孩子不能？」這其實也是讓大人反思的機會，為什麼他不行？大人可以看電視，小孩為何不行？如果是我，我會選擇在孩子睡著的時候才開始大人放鬆的影視時間。但如果那一件事明顯不適合小孩從事，例如做一件滿危險的事，那麼我們總是回答：「不是大人小孩的問題，是熟練的問題，如果你很熟悉一個工作，那麼爸爸媽媽也會讓你做。」如果真是一件不好說明的事，例如大人吃辣，那麼我就會說：「小時候，我的爸爸媽媽也要我別吃，等大一點，身體更強壯就可以了，也許你十歲就可以嘗試看看。」

小孩為什麼會用筆去畫電視？

在我看來，是好奇心使然，在螢幕上畫畫是什麼感覺，冰冰的，涼涼的，經過反射還真有亮亮的畫面？電視為什麼這麼奇怪？怎麼會有畫面？是畫上去的嗎？還是有人躲在電視機後（裡）面？這些可能是他心裡的問號，但在他有限的語文能力下，他可能一個句子也說不出來。如果是我，我大概會做出很多的延伸活動（我已經蠢蠢欲動了），因為把握住孩子好奇心的蜜月期是非常重要的，你應該高興孩子有著科學家的精神。

如果是zozo yoyo，我也許會這樣做：

1.先讓孩子知道，這是一台不太能破壞的機器，「寶貝，你

在畫電視機啊？是不是覺得很特別，但是這電視機不是畫紙，如果一直用筆畫它，它會壞掉，它可能就不能看了喔，所以我們要愛惜它，好不好？媽媽陪你一起在畫紙上畫畫。」然後給他畫紙。像這樣的對話，面對兩、三歲小孩也許要說個上百次才會奏效，如果說個兩、三回他就聽懂了，那麼你的孩子是個好溝通的孩子喔。

2.給他畫畫的環境，這環境代表著情境，隨時讓他看得見畫筆、畫紙，以及一個畫畫的桌子（角落），讓他隨時想要畫畫時，就能找到工具發洩情緒，整理情緒。但注意孩子畫畫時的光線以及眼睛與畫紙的距離，因為視力保健也很重要。有時可提供不同媒材讓孩子作畫，一個紙箱、紙盒、回收的光碟片、樹葉、小石頭……等都可以。

3.科學家寶貝可能對電視機有興趣（縱使沒有，也可以激起他的興趣），帶他去家電商場，讓他看各式各樣、大小不同的電視螢幕、電腦螢幕，介紹這些產品讓他知道，如果爸爸媽媽對機器、影像知識瞭解，再進一步告訴他電視機及影像是怎麼一回事？這些知識或許也可以帶著孩子一起找資訊，一起找答案。建議可以帶他去一些有小小主播台的遊樂區，讓寶貝看見自己在電視上的樣子。

4.最後，我會和孩子做一個電視機勞作，一個立體造形的電視機，畫面由他決定，讓他自己畫出電視上的故事，這也是另一種在電視機上畫畫的樂趣。

以上是我試想，如果是zozo、yoyo發生這樣的狀況，我會怎麼做，其實除了不斷地告訴他珍惜電視機之外，最重要的是用「轉移注意力」、「發現新興趣」來取代他原先的行為，以及淡化親子間的衝突，不打罵孩子真的不等於寵溺小孩。希望你能從中找到解決問題的靈感。

謝謝你的問題，突然很想和zozo、yoyo做一台電視機。

8 Selena妳好，我是一個龍鳳胎媽咪，想請教妳：我的寶貝現在六個多月大，有時拿書（黑白或是彩色的）給他們看，他們有時會拿來吃，不然就是會把書摺得亂七八糟，這樣還要繼續給他們看嗎？雙胞胎有時要一起分享玩具，但是妹妹在玩什麼，哥哥會爬過去把妹妹的文具拿過來玩，之前左右姊妹會這樣嗎？如果是這樣應該怎麼辦？謝謝喔！

親愛的朋友，寶貝才六、七個月大，有些動作很原始，都是正常的表現。

如果他們會摺書、咬書，都是正常的，零歲孩子就是靠著雙手、靠著嘴嚐來認識世界的，並不代表他們不愛惜喔～如果妳不放心，建議妳買布書讓他們「玩」，是「玩」，而非唸書喔～

哥哥會作搶奪動作，也是正常的，因為他充滿著好奇心，面對所有新奇的東西，都會想搶來看看，零歲的孩子可不是禮讓的動物，他是世界探索家，如果仔細觀察，好奇

心強的孩子什麼都會搶，妳只要對他說：「等妹妹玩完後，媽媽一定拿給你玩喔～」

9 五歲的Cherry很喜歡說一句話：「我不知道要做什麼？」然後就坐著發呆，不知道您家小孩會這樣嗎？

親愛的朋友：

「發呆」、「無聊」對一個小小孩來說，是非常重要的，讓他有空白的時間可以無限想像。不知你是否回想過自己小的時候，對著天空看雲發呆的樣子，那段簡單單純的空白時段，對孩子而言是很珍貴的。

左右姊妹有時也會這樣，如果她們發呆，我絕不會去吵她們呢！

後記——

連結，或對照的美學

Doch

其實這一切的起點，都是「分享」。

然而一路上我們也觸碰到它的界線內外。這條線有時區分真假，有時則劃出自我與他人，有些時候則意外成為消費世界的虛線。不論如何移動，總是內與外之間。

原來「分享」乃是這樣一種奇異的動機：也有天真的袒露，也有忐忑不安的面對，更多的則是對那無可預期的「回應」的小小好奇。

與「分享」共在的「回應」，用另一種方式、另一種視野檢視了我們對種種事物的成見。一句話、一個眼神、一張紙條、一個擁抱、一段獨白、一縷思緒、一本書，乃至一回聚會、一次旅行……數不完記不清的林林總總與大大小小，似乎隨著每日的光影自動組合成一個又一個叫做「生活」的單元。如果不是因為她有一個必須書寫、編排以及回應的十五吋LED平面發光體，也許我們仍舊會按照熟練的記憶回收術，去篩揀、分類、收錄，然後等著哪一天興起彼此回顧一番。後果照例是：易變的容顏與日漸褪色的對話，然後緊跟著來的是某種很原始的失落，屢試不爽。

這幾年來幾乎每天晚上，她的工作讓這些原本應該在書架上、紙盒裡或磁碟中收納起來的東西，變成可供隨手摘取、隨時交叉連結的發光體。那些「我們」在裡面似乎等著什麼，呼喚著什麼。我不禁時常去看看「他們」、組合「他們」，從這裡連結到那裡。那些事物似乎在裡面變形，成為一種軟性的物質，成為可塑的材料。

我，其實沒有更清楚這些也許通常被一直線劃分為「過去」、「現在」、「未來」的生活日誌本身的啟示。應該說，一點也不清楚。只是在「他們」與孤獨的書架比較之下，那幾乎完全平面化、沒有化學變化，而且不斷向外連結的實際體驗中，發現生活的一切是這樣隨時隨地湧上來。現在，一句話尾隨著另一串話，一張紙條連結著更多的關懷，一段獨白不再是獨白，一本書牽連著許多意外的人生，乃至聚會與旅行也能擴散及更多的熟悉與足跡。這些就是「分享」給我們的「回應」。

我們擁有這麼特殊的生命介面，希望「他們」之中那兩個小女孩，將來都能有個獨特的價值觀回應給「他們」。

在此我連結一下，她曾在另一個比較樸素的平面寫下這些字：

如果你願意，就多寫一些字，
字字相連，成了一個靈魂，
如果不夠收斂，硬是將字眼浮華擴大，
就成了乾枯、空洞的身軀。
袒露令人忐忑不安，
坦白讓人赤裸捶胸，
鏡子面前，也不是真實的你，
因為它反向著，甚至不對襯。
袒露沒美學，只有危機。

我大約能夠理解，於是在妳又將攬鏡自照之前寫下以上這些，作為對妳的回應。

我的老媽是名牌

施寄青．段奕倫．段奕德 著

不一定要黏得很緊，不一定要住在一起，
適當的距離，親子的空間反而更大！

名作家**王文華**．名作家／精神科醫師**王浩威**．名主持人／作家**朱衛茵**
創意人／作家**李欣頻**．親子天下總編輯**何琦瑜**．立法委員**鄭麗文**
——溫馨推薦——

我的老媽不穿名牌，因為她本身就是一個閃亮亮的名牌！
至於「名牌」教出來的兒子……當然是「無印良品」囉！

我的老媽自稱是名牌，她名氣響亮、言詞犀利、作風前衛大膽，但在我們面前其實是一位再平凡不過的母親，我們能在年輕時周遊列國、豐富人生視野是拜老爸所賜，能夠做自己喜歡的事卻是老媽送給我們的人生禮物，「你大可不必盲目追逐潮流，因為世界周遭的改變不是你可以預測的，但我知道若你做自己喜歡的事會讓你快樂，做讓自己快樂的事，成功的機率會更大。」老媽說。即使我們之間曾經隔著半個地球的距離，記憶中也沒有所謂的「家」存在，老媽仍然給了我們最大的自由，與百分之百的支持，一路去追尋自己的人生和夢想……

讓孩子自己找答案

爸媽做對了，孩子就優秀

李永恆．李曙 合著

我很想帶你看遍這世界，但我知道，
教你學會看世界的方法更好！

親子教育作家**李偉文**．媒體人／主持人**林書煒**．名作家**侯文詠**．名作家**陳月卿**
——**誠摯推薦**——

孩子，我真恨不得能幫你解決生命中的一切難題和困惑，
但是你讓我明白了，
唯有給你機會自己去找到答案，屬於你的人生，才會完整！

什麼樣的父母，當孩子被英文補習班「踢出來」時，不但沒生氣，反而很高興？
什麼樣的父母，寧願放棄讓孩子跳級的大好機會，卻堅持要他自願留級一年？
別懷疑，這就是李永恆夫婦對孩子的教養方式。而這種「不合乎社會期待」的作法，卻教出了一個全方位資優生李曙！才十六歲的他，英文全靠「自學」，已擁有極為耀眼的優秀表現，被名列英國十大學府的華威大學選為全球十二名資優生之一！
李永恆從來不強迫孩子唸書或補習，但他和妻子給了孩子無限大的成長空間。李曙並不是一個天生奇才，但是父母從小培養的「主動學習」觀念，讓他不論對任何事，都能找出一套自己的學習方法。而從這對新優質父子檔的身上，也讓我們發現，原來只要父母用對了方法，孩子自然而然就會變得優秀！

國家圖書館出版品預行編目資料

吃愛的孩子：一開始就不孤單2/洪淑青Selena Hung著.
-- 初版. -- 臺北市：平安, 2010[民99].11
面；公分.-- (平安叢書；第356種)(親愛關係; 3)
ISBN 978-957-803-784-7（平裝）
1.親職教育　2.子女教育

528.2　　99019842

平安叢書第356種
親愛關係 3

吃愛的孩子

一開始就不孤單2

作　　者—Selena Hung 洪淑青
發 行 人—平雲
出版發行—平安文化有限公司
台北市敦化北路120巷50號
電話◎02-27168888
郵撥帳號◎18420815號
皇冠出版社(香港)有限公司
香港上環文咸東街50號寶恒商業中心
23樓2301-3室
電話◎2529-1778　傳真◎2527-0904
出版統籌—盧春旭
出版策劃—龔槵甄
責任編輯—丁慧瑋
美術設計—王瓊瑤・吳欣潔
行銷企劃—林泓伸
印　　務—江宥廷
校　　對—黃素芬・邱薇靜・丁慧瑋
著作完成日期—2010年8月
初版一刷日期—2010年11月

法律顧問—王惠光律師

讀者服務傳真專線◎02-27150507
電腦編號◎525003
ISBN◎978-957-803-784-7
Printed in Taiwan
本書定價◎新台幣280元/港幣93元